D1828886

Einsteigergärten

KOSMOS

Anja Flehmig

Einsteigergärten

KOSMOS

Inhalt

Gestaltung

Einen Garten zum Genießen schaffen

Bunte, kräftige Farben bringen Ihren Garten zum Leuchten! Setzen Sie jedoch starke, wirkungsvolle Farbkombinationen wie diese hier nicht direkt an der Terrasse, sondern in den weiter entfernt gelegenen Rabatten des Gartens ein.

Was gibt es Schöneres, als den eigenen Garten zu genießen? Wer erfreut sich nicht an den leuchtenden Farben oder dem satten Grün des Sommers? Wer lauscht nicht gerne dem Zwitschern der Vögel oder dem Rascheln der Blätter im Abendwind?

Und doch gibt es immer wieder Momente, wo wir denken: „An einigen Stellen hätte ich meinen Garten lieber anders.“ Sei es, dass die Bäume oder Hecken zu groß geworden sind und dem Garten zu viel Licht nehmen, sei es, dass offene Flächen da sind, die man schöner gestalten möchte, sei es, dass manche Ecken mittlerweile zu rümpelig geworden oder einfach zugewachsen sind.

Den Garten betrachten

Wichtig ist es, dass Sie die Lichtverhältnisse in Ihrem Garten gut kennen. Welche Teile des Gartens haben fast den ganzen Tag Sonne? Welche Partien liegen über mehrere Stunden im lichten Halbschatten und wo kommt nur selten ein Sonnenstrahl hin? Bunte Blumen- oder Rosenbeete, blühende Ziersträucher, aber auch Kräuter- und Gemüsebeete brauchen viel Sonne; an halbschattigen oder schattigen Plätzen kommen immergrüne Gehölze, wie z. B. Rhododendron, Eibe oder Bodendecker, Kletterpflanzen, die schönen Funkien, Frauenmantel, Fuchsien, Hortensien oder die Knollen-Begonien, gut zur Geltung.

Was hätte ich gern in meinem Garten?

Element	pflegeleicht?	Tipp
viele blühende Pflanzen	nein	blühende Pflanzen in Kübeln und Balkonkästen sind pflegeleichter als ein Blumenbeet
große Rasenfläche	ja	ein schöner Rasen braucht viel Licht
gemütliche Sitzecke	ja	nicht in voller Sonne einrichten; bequeme, wetterfeste und leicht transportierbare Gartenmöbel auswählen
schönes Kräuterbeet	ja	Kräuter brauchen ein sehr sonniges Plätzchen im Garten
leckeres Obst	ja	unkompliziert, für jeden empfehlenswert
schmackhaftes Gemüse	nein	praktisch für eine Familie mit Kindern
Sichtschutz für die Terrasse oder zum Nachbarn hin	ja	leichte Sichtschutzgitter aus Holz oder Weide sind rasch aufgebaut; mit schnell wachsenden Kletterpflanzen bestücken (siehe Seite 39 und Seite 62)

Schauen Sie sich in der Nachbarschaft um. Welche Pflanzen wachsen und blühen in den umliegenden Gärten besonders gut? Diese Arten werden auch in Ihrem Garten gut gedeihen.

Wirkungsvoll und einfach

Anbei noch ein paar Tipps, wie Sie schon mit wenig Aufwand Ihren Garten verschönern können:

- Lassen Sie an kahlen Wänden hübsch blühende Kletterpflanzen, wie z. B. Kletterrosen oder Clematis, hochwachsen.
- Auch am Schuppen können Kletterpflanzen hochranken oder Sie stellen eine große Kübelpflanze davor; auch ein neuer Holzanstrich mit einem warmen Farbton verbessert das Gesamtbild.
- Wäschespinnen, Baumaterialen (z. B. Dachziegel, Pflastersteine, Holzpfosten), der Kompostplatz oder der Stapel Kaminholz sind an einem trockenen, etwas abgelegenen Platz abseits Ihrer Blickrichtungen vom Haus oder der Terrasse aus besser untergebracht.
- Welche Teile des Gartens gefallen Ihnen besonders gut? Hier könnten Sie durch Kübelpflanzen oder nette Accessoires, wie z. B. eine Bank, schönen Rankhilfen oder Kugeln aus Ton oder Metall, den positiven Eindruck noch verstärken.
- Auch kahle Einfahrten werden durch ein buntes Beet aus Sommerblumen gleich viel freundlicher.

Kein Garten ohne ein lauschiges Plätzchen zum Ausruhen, Kaffee trinken oder einen netten Plausch halten. Legen Sie ein kleines, hübsches Beet in der Nähe an, dann haben Sie auch immer einen schönen Ausblick.

Schritt für Schritt zum Traumgarten

Lassen Sie sich inspirieren

Sicher haben Sie sich schon einige Gedanken gemacht, wie Sie Ihren Garten gestalten oder verändern wollen. Bevor Sie mit der konkreten Umsetzung beginnen, lohnt es sich, möglichst viele Anregungen zu sammeln:

- Die schönen Fotos von „Traumgärten“ in den einschlägigen Gartenzeitschriften oder Gartenratgeber-Büchern machen Mut zum Nachmachen.
- Besuchen Sie in den Sommermonaten eine Landes-, Bundes- oder Internationale Gartenschau oder den „Tag der offenen Tür“, die von zahlreichen Gärtnereien, aber auch von privaten Gartenbesitzern angeboten werden. Sicher findet auch die eine oder andere Veranstaltung in Ihrer Nähe statt.
- Schöne Events sind zudem kleinere Gartenmessen, die so klangvolle Namen haben wie „Living Gardens“, „Park and Garden Country Fair“ oder „Gartenzauber“. In Gartenzeitschriften können Sie sich über Orte und Zeitpunkte informieren.

Die Gartensituation entscheidet

Das Alter und der Aufbau Ihres Gartens stellen die Weichen für die zukünftige Gestaltung:
Junge Gärten sind die größte Herausforderung. Lassen Sie schon beim Hausbau den Oberboden abtragen und nach Fertigstellung des Hauses auf die zukünftige Gartenfläche verteilen. Modellieren Sie die Gartenfläche so, dass der Terrassenbereich nicht über, sondern auf gleicher Höhe oder etwas tiefer als der Garten liegt. Niedrige Erdwälle sind am Rande des Grundstücks oder als Umrandung der Terrasse praktisch, denn nach dem Bepflanzen schützen sie Sie bereits nach zwei bis drei Jahren vor fremden Blicken. Pflanzen Sie als Erstes die Gehölze (siehe Zeichnung unten, Seite 19 und Seite 39). Schöne, groß werdende Solitärbäume sind z. B. Sand-Birke, Rosskastanie, Linde, Hainbuche oder Kiefer. Setzen Sie diese Bäume aber nicht in die Nähe des Hauses, sondern an einen großen Platz im Garten, den Sie auch vom Haus aus gut sehen können. Eine hübsche Blütenhecke kann z. B. aus Flieder, Weißdorn, Felsenbirne, Holunder und Schneeball bestehen (siehe Seite 35).

Die Um- oder Neugestaltung Schritt für Schritt

In Gartenzeitschriften können Sie sich Anregungen für die Gestaltung Ihres Gartens holen. Zudem erfahren Sie viele praktische Tipps und Tricks, die die Gartenarbeit erleichtern.

Ist Ihr Garten sehr jung, beginnen Sie mit dem Pflanzen der Gehölze (Heckenpflanzen, Sträucher, Bäume); sie sind in ein paar Jahren die wichtigsten Bausteine Ihres Traumgartens.

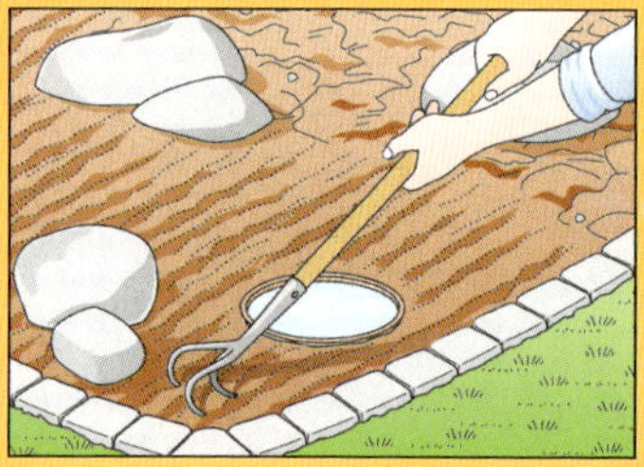

Bunte Stauden- oder Rosenbeete bereichern jeden Garten und sind einfach angelegt (siehe Seite 28/29). Schön sind auch Einfassungen (siehe Seite 33), Lesesteine oder eine kleine Vogeltränke.

Überlassen Sie die Erd-Modellierung und die Strukturpflanzung (Heckengehölze, Bäume, Sträucher), eventuell auch die Rasenanlage wie hier im Bild, einem Landschaftsgärtner. Planen Sie hierfür Kosten von etwa 15 bis 20 % der Bausumme ein.

Schnell wachsende Gehölze für eine grüne Hecke sind z. B. Hainbuche, Thuja oder Feld-Ahorn (siehe Zeichnung links, Seite 19 und Seite 34).

Für die Bepflanzung der Beete (siehe Seite 28/29) und die Rasenaussaat (siehe Seite 32/33) können Sie sich Zeit lassen. Eine gute Zwischenlösung ist die Aussaat von Leguminosen; das Saatgut ist unter den Namen „Gartendoktormischung", „Gründünger" oder „Tempo-Grün-Mischung" erhältlich; dieses im Frühjahr/Sommer aussäen, im Herbst abmähen und in den Boden einarbeiten.

Reife Gärten, die etwa 20 bis 30 Jahre alt sind, brauchen oft eine kleine Verjüngungskur. Hier ist das Auslichten der Sträucher und Bäume besonders wichtig (siehe Seite 38/39). Ältere Stauden werden durch Teilen oder Umsetzen verjüngt (siehe Seite 44). Die oftmals steril wirkende Verteilung von Rasen und Koniferen kann durch bunte, geschwungene Beete, Kletterpflanzen oder lauschige Sitzplätze aufgelockert werden.

Alte Gärten sind 40 und mehr Jahre alt. Die Bäume sind ausgewachsen und werfen allzu viel Schatten. Die Obstbäume sind knorrig und geben dem Garten einen gewissen Charme. Lichten Sie hier nur behutsam aus (siehe Seite 42), damit die Struktur des Gartens erhalten bleibt. Hartnäckigen Unkräutern in verwilderten Ecken können Sie durch spatentiefes Umgraben im Herbst oder durch Auslegen einer schwarzen Folie vom Frühjahr bis zum Spätsommer begegnen (siehe Seite 37).

Profi Tipp von mein schöner Garten

Größere Gartenarbeiten, wie das Pflanzen von Sträuchern, den Obstbaumschnitt oder die Anlage/Umgestaltung der Beete, führen Sie am besten im Frühjahr oder im Herbst durch (siehe auch Seite 26/27).

Gestaltungstipps

Den Garten einfach verschönern

Einen schönen Garten zu haben, ist, wenn es nicht mit sehr großen Veränderungen einhergehen soll, eigentlich recht einfach zu verwirklichen. Ohne große Investitionen an Geld und Zeit kann man schon viel erreichen.

Ein sehr wichtiger Punkt bei der Gartengestaltung sind die „Sichtachsen“: Wohin schaue ich, wenn ich aus dem Küchen-, Ess- oder Wohnzimmerfenster sehe? Kann ich ungehindert in den Garten auf einen schönen Blickfang (Landschaft, etwas Blühendes, einen malerischen Strauch) sehen? Wenn nicht, sollte ich mit der Verschönerung entlang dieser Blickachsen beginnen und eventuell zu hoch oder zu dicht gewachsene Sträucher entfernen oder einen schönen Blickpunkt, z. B. eine Kübelpflanze am Ende der Sichtachse, aufstellen.

Sichtachsen sind aber auch gerade verlaufende Wege – an deren Endpunkte und Wegkreuzungen sollte ebenfalls ein hübscher Blickfang vorhanden sein. Hier sind Bäumchen, die in geometrischen Formen wachsen, bzw. entsprechend geschnitten sind (z. B. Säulen-Wacholder, Säulen-Zier-Kirsche, Zuckerhut-Fichte oder als Kegel, Spirale oder Kugel geschnittener Buchsbaum) entlang von geraden Wegen gepflanzt oder als Eckpunkte an Wegkreuzungen oder Sitzplätzen eine gute Wahl.

Betrachten Sie Ihren Garten zudem von der Terrasse aus – wohin wendet sich Ihr Blick hauptsächlich? Auch entlang dieser Sichtachsen sollte sich das finden, was Sie gerne ansehen mögen.

„Nützliches“, aber nicht allzu Schönes, wie z. B. Kompostplatz, Regentonne, Kaminholz, Gartengeräte, Schuppen, Garage, Wäscheplatz, Frühbeetkästen, Gemüsebeete, Mülltonnen oder Baumaterial, sollte nicht im Bereich der Sichtachsen oder an deren Endpunkte stehen. Bringen Sie diese in den Randlagen des Gartens unter. Wenn es sich nicht vermeiden lässt, dass sie in einer Sichtachse liegen, ziehen Sie eine kleine Hecke, eine Kletterpflanze oder eine bewachsene Sichtschutzwand davor hoch (siehe auch Seite 6/7).

Die großen pastellfarbenen Blüten der Bauern-Hortensie sind immer ein Hingucker. Setzen Sie die Pflanzen an einen nicht zu sonnigen, aber lichten Platz. Geben Sie beim Einpflanzen reichlich Rhododendronerde hinzu.

Zwei Gestaltungselemente können Sie immer wieder im Garten ausprobieren: Farben und Wuchsformen. Bunte Farbkombinationen wirken in großen Gärten am schönsten, Pastelltöne in kleinen. Mit den nach oben strebenden Gehölzen können Sie Blickpunkte schaffen und den Garten gleichzeitig gliedern.

Den Garten richtig gliedern

Ein Garten wirkt umso schöner, je ausgewogener die verschiedenen Strukturen im Verhältnis zueinander stehen. Niedrig und hoch Wachsendes sollte sich abwechseln und ergänzen und nicht allein für sich stehen. So wirken Blumen-, Stauden- oder Rosenbeete in einer Rasenfläche verloren; vor einer Hecke als Kulisse oder einem hübschen Zaun erscheinen die Beete schon viel lebendiger. Auch ein schöner Baum wirkt erst dann, wenn er als Solitär in einer Rasenfläche oder inmitten niedrig wachsender Bodendecker steht – zwischen Sträuchern oder anderen Bäumen kommt er gar nicht zur Geltung.

Profi Tipp von mein schöner Garten

Sorgen Sie dafür, dass der Rasen mindestens die Hälfte, noch besser zwei Drittel der Gesamtfläche des Gartens einnimmt, und schaffen Sie möglichst viele geschwungene Linien, Halbkreise oder Kreise, sei es für Beeteinfassungen, Sitzplätze oder niedrige Mäuerchen (siehe auch Foto auf Seite 20). Damit wiederholen Sie die natürlichen Wuchsformen Ihrer Pflanzen und Ihr Garten wirkt sehr viel harmonischer.

Ein Steingarten mit niedrigen Polsterpflanzen braucht einen Hang oder eine Trockenmauer, denn in einem flachen Beet wirken die kleinen Pflanzen nicht. Hoch wachsende Kletterpflanzen, aber auch höhere Sträucher und Koniferen benötigen ein flaches, ruhig wirkendes Pendant – das kann eine entsprechend große Rasenfläche oder ein mit Platten belegter Platz im Garten sein. Kübelpflanzen oder bunte Blumen in Balkonkästen bedürfen einer Terrasse, Treppenstufen oder einem Mäuerchen als Blühkulisse.

Wichtig ist also, dass unruhige Raumelemente wie Staudenbeete und ruhige Elemente wie Rasen in einem ausgewogenen Verhältnis zueinander stehen.

Eingang, Vorgarten, Hecken & Zäune

Selbst im kleinsten Vorgärtchen ist noch Platz für einen hübschen Eingangsbaum – hier gekonnt in Szene gesetzt durch rund angelegte Buchshecken. Gerade Bäumchen mit hängender Wuchsform, aber auch Kugelbäume (siehe Seite 18), kommen in Vorgärten gut zur Geltung.

Ein Willkommensgruß und gleichzeitig Schutz vor neugierigen Blicken sollte die Einfriedung unseres Gartens sein. Mit einer Hecke als Gartenumrandung schaffen wir die Privatsphäre, die wir nach einem anstrengenden Tag in der Welt „draußen" oder beim Spiel und Spaß mit unseren lebhaften Kindern gut brauchen können.

Welcher Zaun passt?

Wer einen Zaun aufstellen möchte, sollte darauf achten, dass dieser zum Haus und der Umgebung passt, denn er ist ein wichtiges Gestaltungselement.

Profi Tipp von mein schöner Garten

Junge Hecken brauchen in den ersten Jahren ein bisschen mehr Pflege – dann wachsen sie umso besser. Düngen Sie einmal im Jahr (im Frühjahr) mit organischem Dünger und wässern Sie die Pflanzen am Abend, wenn es tagsüber sonnig und sehr warm war (siehe auch Seite 34/35).

So sieht zu dichten, dunklen Hecken aus Thuja, Eibe oder Liguster ein weißer Zaun sehr gut aus; ein grüner oder brauner Zaun ist eine hübsche Kulisse für lichtere Laubhecken aus Hainbuche oder Feld-Ahorn oder für ein Beet aus bunten, halbhohen Sommerblumen. Wenn es Ihnen möglich ist, wählen Sie einen Holzzaun statt eines Drahtzaunes. Legen Sie zudem großen Wert auf ein schönes, nicht zu wuchtiges Tor und die dazu passende Eingangspforte. Beides ist über viele Jahre hinweg der erste Eindruck, den man von Ihrem Wohnhaus bekommt.

Den Eingang gestalten

Auch der Weg zu Ihrer Haustür, den Sie selbst ja auch mehrmals täglich gehen, kann schon mit wenig Stilmitteln bezaubernd anzusehen sein. Meistens ist dieser Teil des Gartens klein. Trotzdem ist es von Vorteil, wenn dort ein kleiner, lichter Laubbaum oder Zierstrauch als Pendant zum Haus steht, vorausgesetzt, die Fläche vor dem Haus ist als Halbrund oder als Viereck angelegt:

- Ist Ihr Haus einstöckig, also ein Bungalow, passt ein etwas breiter verzweigter, niedrig wachsender Baum dazu, wie z. B. Schlitz-Ahorn, Felsenbirne oder Eberesche.
- Vor einem zweistöckigen Haus kann ein Blumen-Hartriegel, ein Feuerdorn oder ein Hochstämmchen (siehe Seite 18) stehen. Kombinieren Sie die Gehölze mit niedrig bleibenden Stauden oder Bodendeckern. Im Frühjahr sehen Tulpen, Narzissen oder Hyazinthen sehr hübsch dazu aus.
- Mehrstöckige Häuser, aber auch hochgezogene Schutzwände oder Mauern an der Haustür vertragen sich gut mit Kletterpflanzen, wie z. B. Glyzine (stabiles Klettergerüst geben), Klettertrompete oder Kletter-Hortensie (siehe „Porträts" auf Seite 62. Dazu passen Strauchrosen, hoch wachsende Ziergräser, Farne und hohe Stauden wie Rittersporn. Sollte der Zugang zum Haus lang und schmal zugeschnitten sein, ist ein buntes Staudenbeet, eventuell kombiniert mit majestätisch blühenden Rosen, eine schöne Lösung.

Der Zaun ist, neben den Farben und Formen der Gartenpflanzen, ein wichtiges Gestaltungselement unseres Gartens. Hell und freundlich wirkt immer ein weißer Zaun. Kombiniert mit einer bunten Bepflanzung aus halbhohen Sommerblumen oder Rosen verlieren Zäune zudem viel von ihrer Strenge.

Ich suche nach ...

	Arten	Tipp
... einer schnell wachsenden Hecke	Feld-Ahorn, Hainbuche, Thuja	in den ersten Jahren zurückschneiden, um buschiges Wachstum anzuregen (siehe Seite 34/35)
... Pflanzen, die das ganze Jahr über im Pflanzkübel bleiben können	Zwergehölze, wie z.B. Buchsbaum, Igel-Fichte, Japanische Scheinzypresse, Kriech-Wacholder, Zwerg-Fichte, Zwerg-Kiefer, Zwerg-Wacholder	in größeren Baumschulen erhältlich; im Winter an frostfreien Tagen reichlich wässern
... hübschen Pflanzen für Kübel, die in voller Sonne stehen	Geranien, Margeriten, Petunien, Wandelröschen	welke Blüten regelmäßig abknipsen
... hübschen Pflanzen für Kübel, die im lichten Schatten stehen	kleine Begonien, Fleißiges Lieschen, Fuchsie, Knollen-Begonie	an windgeschützten Platz stellen
... kleinen Bäumchen für den Vorgarten	Blumen-Hartriegel, Essigbaum, Hängende Kätzchen-Weide, Japanischer Ahorn, Perückenstrauch, Stern-Magnolie	in der Baumschule einkaufen

Terrasse, Sitzplätze & Wege

Grosszügig und trotzdem heimelig ...

... so sollte die Terrasse sein. Veranschlagen Sie beim Neubau ruhig an die drei bis sieben Meter Länge und vier bis fünf Meter Breite (15–35 m^2), dann haben Sie noch genug Platz, um neben Tisch und Stühlen auch Liegestühle mit aufzustellen oder auch einmal zu mehreren am Tisch zu sitzen.

Verwenden Sie als Belag größere, flach geschliffene Platten, sie vergrößern den Sitzplatz optisch und Ihre Sitzmöbel stehen immer stabil. Ist der Garten klein, passen kleinformatige Steinplatten besser dazu. Idealerweise ist der Sitzplatz so angelegt, dass Sie möglichst geschützt sitzen (siehe auch Seite 8), aber trotzdem einen freien Blick zum Garten hin haben. Schaffen Sie sich im Rücken und zu beiden Seiten hin einen Sicht- und Windschutz – das können an Spalieren hochgezogene Kletterpflanzen, Hecken, Holzwände oder auch eine Hauswand sein. Luftig und angenehm ist das Sitzen unter einer Markise, die Sie weit nach vorne ausfahren können.

Lassen Sie es blühen

Die Terrasse ist der beste Platz für die wunderschönen Kübelpflanzen. Wenn Sie einen kühlen, hellen Raum im Haus zum Überwintern der Pflanzen zur Verfügung haben, schaffen Sie sich ruhig mehrere Exemplare an. Kübelpflanzen sind pflegeleicht und Sie haben die Möglichkeit, sie immer wieder an andere Plätze im Garten als Blickfang aufzustellen. Beliebt und blühfreudig sind Fuchsie, Engelstrompete, Bleiwurz, Schönmalve, Chinesischer Roseneibisch, Passionsblume, Oleander, Schmucklilie oder Wandelröschen („Kübelpflanzen pflegen" siehe Seite 40/41). Als grüner Sichtschutz an entsprechenden Gerüsten, aber auch als schöner Übergang zum Garten hin an stilvollen Rankhilfen sind blühende Rankpflanzen wie Wald-Geißblatt (*Lonicera*), Clematis, Kletterrose, Passionsblume oder die rot blühende Trompetenblume gut geeignet („Kletterpflanzen" siehe Seite 18/19 und 38/39). Hübsche Rankhilfen aus Metall gibt es in Gartencentern oder auf Gartenmessen.

Schmale Wege selber bauen

Markieren Sie den Wegverlauf mit kleinen Steckhölzern, die durch eine Schnur miteinander verbunden sind (1). Heben Sie danach mit dem Spaten das Wegbett (15–20 cm tief) aus. Dann füllen Sie (2) zuerst etwas gröberen Kies, darauf etwas feineren Kies und darüber den Sand als Drainageschicht ein. Ziehen Sie den Sand mit einer Holzlatte eben. Walzen Sie den Sand fest (Walze aus dem Baumarkt ausleihen). Dann die Platten verlegen. Wasserwaage benutzen; eventuelle Unebenheiten mit Sand ausgleichen (3). Die Steine mit einem Gummihammer festklopfen. Die Zwischenräume mit Sand auffüllen und diesen mit einem Wasserstrahl in die Fugen spülen. Fugen stehen lassen, damit Regen- und Gießwasser versickern kann.

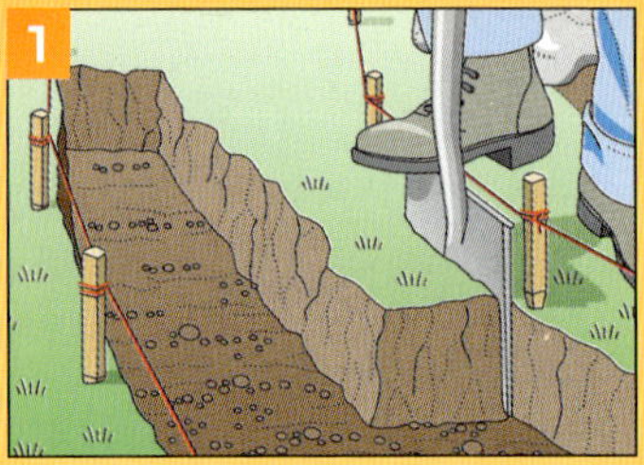

Belag und Bepflanzung machen die Schönheit eines Sitzplatzes aus. Steinplatten gibt es preiswert im Baumarkt zu kaufen. Kübelpflanzen sind zwar teuer, dafür aber langlebig, robust und vielseitig einsetzbar.

Kleine Sitzecken ...

... hier und da verschaffen Ihnen einen anderen Blick in den Garten. Mit mobilen Sitzmöbeln können Sie sich nach Herzenslust entweder unter einen schönen alten Baum in den Schatten setzen oder mit ein paar Freunden die letzten warmen Strahlen der Abendsonne genießen. Verwenden Sie wetterfeste Sitzmöbel aus Holz und/oder Metall, diese sind auch unbenutzt eine Zierde.

Wege und Einfahrten

Sie sind, neben Treppen, Mauern und den Sitzplätzen, wesentliche Gestaltungselemente unseres Gartens. Wichtig sind hier zwei Dinge: Zum einen sollte der Belag aller befestigten Flächen zum Haus passen und möglichst einheitlich sein, zum anderen wird Ihr Garten umso schöner wirken, je weniger er durch befestigte Flächen zerteilt wird. Legen Sie also Wege nur dort an, wo es unbedingt sein muss. Hier kann es auch nützlich sein, wenn Sie vorher ausprobieren, welche Wege Sie im Garten hauptsächlich nehmen – diese Wegverläufe sind also für Sie am günstigsten. Lassen Sie Gartenwege nicht exakt gerade, sondern etwas geschwungen verlaufen.

Preiswert und angenehm zu gehen sind Wege aus Mulchmaterial, das vier bis sechs Zentimeter dick aufgetragen werden muss. Gerade zwischen Stauden oder hohen Bäumen sind die zerkleinerten Rinden- oder Holzstücke eine gute Wahl. Ebenfalls preiswert, aber wesentlich haltbarer sind Beläge aus Betonsteinen. Hier ist die Auswahl an Formen und Farben groß. Wählen Sie Steine aus, die im Laufe der Jahre nicht grau werden, z. B. solche, die mit gemahlenem Naturstein beschichtet sind.

Wunderschön, lange haltbar, aber teurer sind Wegbeläge aus Naturstein, wie z. B. Granit, oder aus gebranntem Ton, gemeinhin als „Klinker" bezeichnet. Letzere passen mit ihren warmen Farben von Ocker über Rot bis Schwarz gut zu Häusern, deren Mauern aus Buntsandstein oder Klinker bestehen. Klinkerwege, aber auch solche aus groben Natursteinplatten (z. B. Schiefer) können bei Regen gefährlich glatt werden, wählen Sie daher Steine mit rauher Oberfläche aus, die rutschfest sind.

Beete & Rabatten

Mit Farben und Formen spielen

Es gibt wohl fast nichts Schöneres, als das bunte Farbenspiel und die Pracht unserer blühenden Pflanzen im Garten tagtäglich zu betrachten. Wie von Geisterhand öffnen sich hier und da nach einem warmen Regentag die verschiedensten Blüten des Sommers – um nach ein bis zwei Wochen anderen Platz zu machen. Wenn Sie Beete oder Rabatten anlegen, werden verschiedene Pflanzen in allerlei Farben und Formen blühen und wachsen. Damit Ihr Blumenbeet immer gut zur Geltung kommt, finden Sie auf der folgenden Seite ein paar Gestaltungstricks:

Beziehen Sie ruhig den Gemüsegarten mit in die Gestaltung ein – mit einer Einfassung aus Studentenblumen wie hier oder einer niedrigen Buchshecke lässt sich eine schöne Verbindung zu anderen Teilen des Gartens herstellen.

Ein Blütenmeer vom Frühjahr bis zum Herbst

	hohe Hintergrundpflanzen	halbhohe bis niedrige Pflanzen	praktische Bodendecker
blühendes Sonnenbeet rund ums Jahr	Blauraute, Frühlings-Margerite, Gold-Garbe, Königskerze, Myrten-Aster, Rittersporn, Sommer-Phlox, Sonnenauge	Feinstrahl-Aster, Quirlblütiger Salbei Sommer-Margeriten, Stauden-Salbei	Blutrotes Fingerkraut, Bodendeckerrosen, Färber-Kamille, Feder-Nelke, Fetthenne, Katzenminze, Kissen-Aster, Woll-Ziest
schmuckes Schattenbeet rund ums Jahr	Herbst-Anemone, Kletter-Hortensie, Rieden-Segge, Salomonsiegel, Straußfarn, Wachsglocke, Wald-Geißbart	Bergenie, Funkie, Silberglöckchen, Storchschnabel, Zwerg-Astilbe	Etagen-Primeln, Frühlings-Gedenkemein, Immergrün, Lungenkraut, Purpurglöckchen, Teppich-Waldsteinie

Hier können Sie erkennen, welch große Rolle Strukturen im Garten spielen: Die Einfassung aus Buchs, das Kugelbäumchen in der Mitte und die mit Efeu bewachsene Wand sind beständige Kulisse für das Spiel mit den Blütenfarben im Beet.

- Geben Sie Beeten eine runde, bzw. geschwungene Form, das kann ein Kreis, Halbkreis oder eine Ellipse sein (siehe Seite 20 und Seite 32/33). Beeten am Grundstücksrand oder am Haus geben Sie zum Garten hin eine geschwungene, in flachen Wellen verlaufende Kontur.
- Verwenden Sie auf kleinen Beetflächen nicht mehr als zwei verschiedene Farben, z. B. Gelb und Orange. Setzen Sie aber ruhig verschiedene Farbabstufungen ein.
- Damit ein Blumenbeet lebendig wirkt, sollten Sie eine Höhenstaffelung einbauen: Hohe Pflanzen (Gehölze, hohe Stauden, höher wachsende Sommerblumen) kommen in den Hintergrund, niedrigere weiter nach vorne. Am Beetrand sind Polsterpflanzen oder Bodendecker angebracht.
- Ein schönes Beet braucht nicht nur eine gute Kulisse, wie z. B. eine Hecke oder immergrüne Sträucher, sondern auch einen schönen Abschluss: Stechen Sie die Beetkante mit dem Spaten oder einem Kantenstecher ab oder fertigen Sie eine Beeteinfassung aus Steinen (siehe Seite 9 und Seite 33) an.
- In kleinen Gärten wirken einige wenige Farben schöner; damit der Garten optisch größer wirkt, legen Sie die Beete entweder als große Kreise oder in langer, schmaler Form an. Unterstreichen Sie Letztere durch eine formale Bepflanzung, also z. B. durch kleine, geschnittene Buchsbäumchen, die in Reih und Glied hintereinander stehen, oder einen Weg, der parallel zum Beet verläuft.
- Große Gärten vertragen viele bunte Farben; auch Stauden mit großem, imposantem Blattwerk, wie z. B. Funkien, Farne oder Bambus, kommen hier gut zur Geltung. Unterteilen Sie große, lange Gärten durch Beete, die wie eine Halbinsel in die Gartenmitte hineinragen.

Gehölze, Rosen, Kletterpflanzen

Die Schönheit und Eleganz einer Rosenblüte (hier die Sorte 'Apricola®') hat schon so manchen Dichter inspiriert. Damit Rosen gut wachsen, brauchen sie einen sonnigen, luftigen Platz und nährstoffreiche – also eher lehmige –, gut durchgelockerte Erde.

Profi Tipp von mein schöner Garten

Im Winter lassen sich mit aparten Ziergräsern (z. B. China-Schilf, Pampas-Gras), mit kleinen Nadelgehölzen (z. B. Zuckerhut-Fichte, Zwerg-Wacholder) oder mit Gehölzen, die eine auffallende Rindenstruktur haben (z. B. Hartriegel, Sand-Birke, Kupfer-Birke) schöne Effekte erzielen.

Mit Bäumen malen

Sicher haben Sie schon einmal beim Spaziergang durch einen Park die mächtigen, majestätisch wachsenden Bäume bewundert. Auch wenn Sie nicht so viel Platz im Garten zur Verfügung haben, können Sie jedoch folgende Gestaltungstricks übernehmen:
Bäume wachsen und wirken schöner, wenn sie einzeln stehen. Unterstreichen kann man ihre Schönheit durch ruhige Flächen wie z. B. Rasen oder große, ruhig gehaltene Beete aus einheitlichen Stauden oder Bodendeckern (Baumarten siehe Seite 8/9 und 12/13). Gehölze, die als Hochstamm mit einer Kugelkrone wachsen (z. B. Scheinakazie *Robinia pseudoacacia*, Zier-Weide *Salix integra* 'Hakuro Nishiki', Ahorn und Steppenkirsche, die ebenfalls mit Kugelkrone angeboten werden) sind schöne Blickfänge für kleine Gärten oder für den Vorgarten. Nadelgehölze (Koniferen) sind mittlerweile ein bisschen aus der Mode gekommen. Doch wenn Kiefern, Tannen, Wacholder oder Fichten geschickt gepflanzt werden, sind sie eine Be-

reicherung jedes Gartens. Da Koniferen beträchtliche Höhen erreichen können, so werden z. B. Kiefern bis 15 Meter hoch, Tannen so um die 20 Meter, sollten sie nur in wirklich großen Gärten stehen. Hier wirken sie, in kleinen Gruppen am Grundstücksrand gepflanzt, am schönsten; niedrige und höhere Koniferen miteinander kombinieren. Gleiches gilt für die immergrünen Sträucher wie Rhododendron, Ilex oder Kirschlorbeer. Beliebt, robust und vielseitig sind die blühenden Ziersträucher, so z. B. Flieder, Forsythie, Weigelie oder die aparte Felsenbirne. Pflanzen Sie diese entweder in Beeten oder als Grundstücksbegrenzung in Gruppen zusammen („Blütenstrauchhecke" siehe Seite 35) oder setzen Sie sie einzeln als Blickpunkt in Blumen- oder Staudenbeeten ein; entweder in der Mitte, wenn das Beet rund ist, oder am Rand, damit die Höhenstaffelung gewahrt bleibt.

Die „Stars" im Garten ...

... sind Rosen und Kletterpflanzen. Wer ist nicht von ihrer vornehmen Blütenpracht fasziniert? Kein Gartenbuch und keine Gartenzeitschrift kommt ohne diese „Fotomodelle" aus, denn sie bereichern jeden Garten. Rosen gibt es mittlerweile in so vielen Farben und Wuchshöhen, dass sie in jedem Garten ihren Platz finden können („Rosen pflegen" siehe Seite 40/41). Die bunten Farben der Rosen brauchen eine dunklere, ruhige Kulisse. Sie stehen deshalb besser nicht in einem Beet im Rasen (wenn, dann mit dunklen Steinen das Beet einfassen oder eine niedrige Buchshecke anlegen), sondern in der Nähe von Nadelgehölzen, einer Hecke oder an der Hauswand, wenn die Außenwand aus Holz oder Klinkersteinen besteht. Eine schöne Beipflanzung zu Rosen sind gelbe, weiße oder blau bis violett blühende Stauden (Storchschnabel, Katzenminze, Rittersporn, Frauenmantel, Feinstrahl-Aster etc.), sowie Ziergräser.

Kletterpflanzen sind sehr pflegeleicht. Viele Arten können Sie, da sie ehemalige Waldbewohner sind, auch ohne weiteres in den lichten Schatten setzen. Wie schon mehrfach erwähnt, sind sie als Raumteiler, Blickpunkt oder als hübscher Sichtschutz nicht zu übertreffen. Geben Sie allen Kletterpflanzen die passende Rankhilfe oder ein entsprechend großes Rankgerüst an der Hauswand (10 cm Abstand zur Hauswand lassen; siehe auch Seite 39).

Sträucher einpflanzen

<u>Containerpflanzen</u> (s. o.): Pflanzloch ausheben – so tief und doppelt so breit wie der Wurzelballen; ins Pflanzloch setzen (Ballentuch aufschneiden), etwas Erde einfüllen, gut wässern. Restliche Erde einfüllen, mit dem Fuß andrücken.

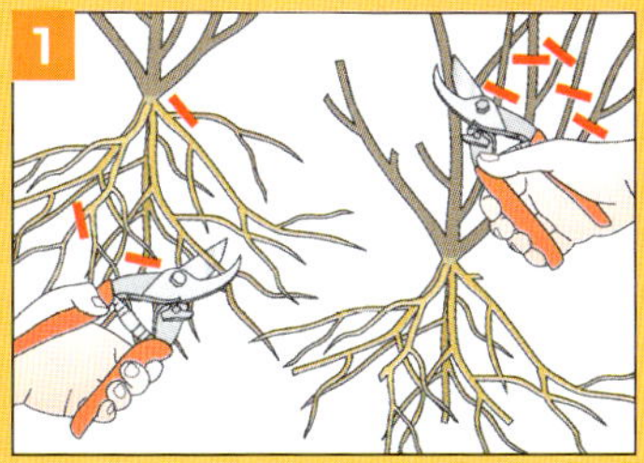

1

2

<u>Pflanzen mit freiliegenden Wurzeln:</u> Den Wurzelstock zunächst für einige Stunden in einen Eimer voll Wasser legen; vor dem Einpflanzen Wurzeln und Äste um ein Drittel einkürzen (1).

Die Pflanze so einsetzen, dass der Wurzelhals (das ist der Übergang zwischen Wurzeln und Ästen) auf Bodenhöhe liegt (eine Holzlatte zuhilfe nehmen) (2). Dann die Erde einfüllen, mit dem Fuß rundherum andrücken, reichlich wässern.

Ein Rasen für alle Fälle

Wohltuendes Grün, ...

... das zwischem bunten Beeten, schattenspendenden Bäumen und dem Gartenbereich der Naschkatzen gut vermitteln und deshalb alle Vielfalt zu einer Einheit verschmelzen lassen kann – das ist der Rasen in unserem Garten. Und er ist noch mehr: Spielwiese für die Kinder und Ort der Entspannung an schönen Sommertagen.

Weil er als Gestaltungselement so wichtig ist, sollte etwa die Hälfte bis zwei Drittel Ihres Gartens aus einer Rasenfläche („Rasenpflege“ siehe Seite 32/33) bestehen. Ist die Rasenfläche zu groß, entsteht der Eindruck von Eintönigkeit, ist sie zu klein, wirkt der Garten sehr unruhig. Große Flächen können Sie durch schöne Solitärgehölze (z. B. Blumen-Hartriegel, Perückenstrauch, Trauer-Weide) oder durch Vergrößerung bzw. Neuanlage von Beeten am Grundstücksrand interessanter gestalten.

Die Ruhe einer Rasenfläche ist das ideale Pendant zu üppig blühenden Beeten mit großen Stauden. Hier ist auch gut zu sehen, welch schönes Gestaltungselement geschwungene Beetlinien sind.

Die Rasengräser wachsen am besten in lichtem Schatten – an sehr sonnigen Stellen verbrennen die Halme schnell, an schattigen Plätzen machen sich rasch Moos und Klee im Rasen breit. In sehr schattigen Lagen lohnt sich deshalb die Anlage eines Schattenbeetes (Pflanzen siehe Seite 16, 33 und 60); in sehr sonnigen Lagen kann ein buntes Blumenbeet (Pflanzen siehe Seite 16 und im Porträtteil), eine Kräuterspirale oder ein Gemüsebeet seinen Platz finden.

Rasenflächen in kleinen, schmalen Gärten gestalten Sie am besten streng formal in langen Rechtecken (Beete ähnlich gestalten und mit säulenförmigen oder formalen Gehölzen die Linien wiederholen); in kleinen quadratischen Gärten sind runde oder ovale Formen für Rasen und Beete (Kugelbäumchen oder malerisch wachsende Gehölze wie die Felsenbirne mit verwenden) angebracht.

Was für einen Rasen will ich?

	Aussaatmischung	**Tipps für die Pflege**
einen schönen Zierrasen	‘Zierrasen’, Zierrasen ‘Fürst Pückler Mischung’, ‘Classic-Rasenmischung’	alle zwei Wochen mähen, nicht zu stark belasten; im Frühjahr vertikutieren
einen robusten, pflegeleichten Rasen; eine Spielwiese für die Kinder	Spielrasen ‘Family’, Sport- und Spielrasen ‘Berliner Tiergarten’, ‘Strapazierrasen’, Pflegeleicht-Rasen ‘Holiday’	Planschbecken o. Ä. nicht zu lange an einer Stelle stehen lassen, sonst wird der Rasen gelb
einen Rasen für den Schatten	‘Schatten-Rasen’	nicht zu kurz abmähen; nur wenig belasten; Untergrund muss gut drainiert sein
eine Blumenwiese	‘Naturrasen’ oder ‘Blumenrasen’, ‘Wildblumenrasen’, Rasensamen ‘Wild Flora’	gedeiht nur auf nährstoffarmen, durchlässigen Böden

Obst, Gemüse & Co.

Essen macht Spass, ...

... und das zu essen, was im eigenen Garten wächst, erst recht. Was Sie vor allem für die Anzucht von Obst, Gemüse oder Kräutern brauchen, ist ein warmer, sonniger Platz im Garten.

Legen Sie Ihren „Nutz- und Naschgarten" am Anfang nicht zu groß an, probieren Sie das Gärtnern mit den Nutzpflanzen lieber erst einmal aus. Zu Anfang reichen ein bis zwei Beete à eineinhalb Metern Breite (Beetbreite 1,20 cm, rechts und links ein Fußpfad à 20 cm Breite) und fünf bis zehn Metern Länge. Auf Flächen, die Sie (noch) nicht nutzen wollen, sind die Aussaat von Leguminosen (verbessern den Nährstoffvorrat im Boden, siehe Seite 9) oder das Pflanzen von Kartoffeln (lockern den Boden) gute Zwischenlösungen. Obstbäume setzen Sie besser nicht in die Nähe der Gemüsebeete, denn sie werfen mit der Zeit immer mehr Schatten. Der Gartenzaun ist ideal als Stütze für die Himbeeren; Brombeeren sind dort ebenfalls gut untergebracht, brauchen aber zusätzlich noch ein Spalier (ca. 2 m breit, 2,5–4 m hoch), damit Sie sie gut ernten und den jährlichen Schnitt leichter durchführen können.

In die Beete pflanzen Sie zunächst nur diejenigen Gemüsearten, die Sie bzw. Ihre Familie auch gerne essen. Probieren Sie zuerst die beliebtesten Arten aus, das sind meistens Erdbeeren, Himbeeren oder Salat.

Die Beete bestücken Sie ab April/Mai („Beete vorbereiten" siehe Seite 28/29): Kaufen Sie die Jungpflanzen in der Gärtnerei oder auf dem Wochenmarkt ein (die Aussaat – siehe Seite 44/45 – machen Sie lieber erst später, wenn Sie ein bisschen Übung haben). Achten Sie darauf, dass die jungen Setzlinge keine braunen oder gelblich verfärbten Blätter haben – sie sollten auch kräftig sein und die Erde muss sich feucht anfühlen, denn zu trocken gehaltene Pflanzen wachsen nicht so gut an. („Obst und Gemüse pflegen" siehe Seite 42/43).

Kräuter können Sie ohne weiteres auch in Töpfen ziehen, aber die Erde trocknet rascher aus als im Beet. Gießen Sie deshalb kräftig, sobald sich die Erdoberfläche im Topf trocken anfühlt.

Der geeignete Platz für Obstbäume & Co.

Bodenart	geeignete Pflanzen
schwerer, feucht-lehmiger Boden	Blaukraut, Blumenkohl, Bohnen, Kohlrabi, Rosenkohl, Weißkohl
auf dem Kompost; auf einem Hügel- oder Hochbeet mit reichlich Komposterde	Gurken, Salat, Tomaten, Zucchini
sehr lockerer, aber nährstoffreicher Boden	Beerensträucher, Erdbeeren, Obstbäume, Wurzelgemüse (Kartoffeln, Möhren, Radieschen)
trockener, nährstoffarmer Boden	Knoblauch, Kräuter, Lauch, Zwiebeln

Der Garten – ein Paradies für Kinder

Sommer, Sonne, Sand & Wasser ...

... und jeden Tag zu jeder Zeit nach draußen gehen können. Das wünschen sich Kinder – und können es meist gar nicht erwarten, bis es endlich wieder Sommer wird. Doch wie sieht ein Garten für Kinder aus, welche Elemente sollten vorhanden sein? Und was sollte man von Kindern fernhalten, weil es ihnen schaden könnte?

- Ein absolutes Muss, gerade wenn Sie kleine Kinder haben, ist ein Sandkasten. Hier können sie sich mit ihrem Lieblingselement befassen. Verwenden Sie einen Sand, der im feuchten Zustand etwas zusammenklebt, damit die Förmchenfiguren gut gelingen. Mit der Zeit sackt der Sand in sich zusammen oder die Kinder verteilen ihn so allmählich im Garten. Halten Sie den Sandkasten trotzdem immer gut gefüllt. Praktisch ist auch ein Sandkasten, der eingesenkt ist, dann können Sie den Sand am Abend einfach wieder hineinkehren.
- An warmen Tagen ist die Kombination mit einem Planschbecken sehr beliebt. Hier wird, je nach Lust und Laune, geplanscht oder Wasser zum Spielen in den Sandkasten geholt. Wechseln Sie das Wasser alle ein bis zwei Tage (Becken auch ausspritzen und einmal trocknen lassen, damit sich keine Pilze ansiedeln).
- Schon die ganz Kleinen sind begeistert von allen Tieren, die sich im Garten aufhalten. Fördern Sie deshalb die Ansiedlung von Gartentieren, z. B. durch das Aufhängen von Nistkästen, durch das Schaffen von Schlupfwinkeln, Sitzwarten oder Nistmöglichkeiten (Sträucher, Hecken, Bäume, Reisighaufen, Zaun) und durch gute Nahrungsbedingungen für Insekten, Vögel, Igel und Eichhörnchen (viele blühende Stauden, Kräuter, einheimische Bäume und Sträucher, wie z. B. Linde, Eiche, Haselnuss, Weißdorn, Heckenrose; Komposthaufen und hier und da ein paar Ecken, an

Kinder lieben es, mit Wasser und Sand zu spielen. Den Sand können Sie in einer Kiesgrube oder beim Baumarkt („Spielsand") besorgen. Praktisch ist eine Sand-Wasser-Muschel, weil sie robust ist und sich leicht reinigen lässt.

Für die Kinder muss der Garten nicht aufwändig gestaltet sein. Wichtig ist ein strapazierfähiger Rasen (siehe Seite 20). Bepflanzen Sie die Beete mit pflegeleichten, robusten Sommerblumen (z. B. Ringelblume, Stockrosen – siehe auch Seite 50).

denen Wildkräuter wie Löwenzahn, Gänseblümchen oder Mohn wachsen dürfen). Mit bunten Blumen, lauschigen Verstecken und Möglichkeiten zum Klettern bleibt Ihr Garten übrigens auch für die älteren Kinder noch interessant.

- Sind Ihre Kinder noch klein und Ihr Haus liegt an einer Straße, brauchen Sie einen Zaun. Sorgen Sie dafür, dass die Kinder Tor und Pforte nicht allein öffnen können.
- Der Aktionsradius Ihrer Kinder wird immer größer und ihre Beweglichkeit auch. Ab einem Alter von drei bis vier Jahren sind eine Schaukel, eine große Spielwiese und eine größere befestigte, ebene Fläche, z. B. zum Fahrrad- oder Rollerfahren, ideal.

Das macht Kindern Spass

	Sie brauchen dafür	**Zeitpunkt**
Aussäen (siehe Seite 44/45)	Torfquelltöpfchen, kleine Gießkanne, Mini-Gewächshaus, kleiner Beutel Aussaaterde, größere Samen (z. B. von Wicken, Sonnenblumen, Kapuzinerkresse)	März
Einpflanzen (siehe Seite 28/29)	kleine Blumenkelle und Gießkanne, evtl. kleine Plastiktöpfe, Jungpflanzen von Sommerblumen oder Gemüse	Frühjahr, Sommer
Gießen	kleine, aber gut funktionierende Gießkanne mit Brausekopf	den ganzen Sommer über
Gartentiere anschauen	Gartenstrukturen und Pflanzen, die Tiere anlocken	vor allem im Frühjahr und Sommer
Mit Sand spielen	Sandkasten, Muschel; schattiger Platz unterm Baum oder Sonnenschirm	von Frühjahr bis Herbst
Im Wasser planschen	Planschbecken, Muschel oder Rasensprenger, Wasseranschluss im Garten, Gartenschlauch; schattiger Platz unterm Baum oder einen Sonnenschirm	im Sommer

Achten Sie darauf, dass die Spielplätze der Kinder vom Haus aus einzusehen sind und im Schatten liegen. Ideal ist ein Platz unter einem Baum. Wenn der nicht vorhanden ist, ist ein großes Sonnensegel, das auch einmal einen Regenschauer übersteht, sehr praktisch. Darunter ist auch noch genug Platz für die Spielgeräte.

Die Kinder dürfen sich übrigens unbedenklich richtig dreckig machen, auch wenn Sand, Wasser oder Erde an Hände oder in den Mund kommen, macht das nichts, denn das Immunsystem der Kinder kann mit den darin vorhandenen Keimen gut fertig werden. Trinkflaschen, Sauger u. Ä. oder die Essensachen der Kinder sollten jedoch sauber bleiben, denn auf Nahrungsmitteln vermehren sich Keime sehr schnell (am besten gar nicht mit nach draußen nehmen).

Wichtig ist auch, dass die Kinder keine giftigen Pflanzen/Pflanzenteile in den Mund nehmen (siehe Seite 48; am besten ganz aus dem Garten verbannen). Auch alles, was Dornen oder Stacheln hat, sollte nicht nahe am Spielplatz der Kinder stehen; Reste vom Strauch- oder Rosenschnitt besser ganz entfernen, denn Kinder laufen gerne barfuß. Vermeiden Sie aus gleichem Grund auch eine blühende Spielwiese (mit Klee oder Löwenzahn), die gerne von Bienen oder Hummeln besucht wird.

Profi Tipp von mein schöner Garten

Schmetterlinge sind für Kinder immer interessant. Mit bestimmten Blumen und Sträuchern können Sie die Tiere in Ihren Garten locken: z. B. mit Schmetterlingsstrauch, Lonicera, Phlox, Lavendel, Salbei, Bart-Nelke, Studentenblume, Ziertabak, Brennnessel.

Der schönste Spielplatz ist der im Garten! Schon mit einigen Utensilien aus Küche oder Keller, wie hier diesem alten Küchentisch und einer Holzwaage, lässt es sich herrlich werkeln.

Praxis

Tipps & Tricks rund ums Gärtnern

Das brauchen Sie: Rechen, Drahtbesen, Spaten mit T-Griff, Kreil, Schaufel, kurze und lange Hacke, Gartenscheren, Gartenhandschuhe, Blumenkelle, Gießkanne, einen großen Korb, Schubkarre, einen guten Rasenmäher. Praktisch ist auch ein Beregner (links im Bild).

Lassen Sie sich und Ihrem Garten Zeit ...

... denn schnelle Entschlüsse und hastiges Handeln führen meist zu einem enttäuschenden Ergebnis. Sie können ohne weiteres die Dinge über einige Monate, ja sogar Jahre, vor sich hinsprießen lassen, aber wenn Sie etwas beginnen, sollten Sie a) zum richtigen Zeitpunkt handeln, b) genau wissen, was Sie machen wollen und was Sie dafür benötigen, und c) die Arbeit in einem „Rutsch" durchführen.

Dazu ein Beispiel: Sie wollen Ihre Balkonkästen bepflanzen. Besorgen Sie Anfang bis Mitte Mai (= richtiger Zeitpunkt) alle Pflanzen und die ausreichende Menge Balkonpflanzenerde dazu, eventuell auch einen Dünger. Alle Gerätschaften und Materialen legen Sie sich in einer Kiste, einem Eimer oder einfach im Schubkarren zurecht. Dann werden alle Kästen bepflanzt, die Blumen gründlich angegossen. Zum Schluss bringen Sie die Kästen an, bzw. stellen Sie am gewünschten Ort auf. Nun wird wieder aufgeräumt und das Zubehör wieder an Ort und Stelle untergebracht.

Versuchen Sie dieses Schema auch bei anderen Gartenarbeiten anzuwenden, dann geht's gleich viel schneller.

Übrigens: Große Gartenarbeiten wie Bäume oder Sträucher auslichten oder einpflanzen, Wege oder Beete anlegen, Stauden teilen und umsetzen, erledigen Sie am besten im Frühjahr oder Herbst (siehe auch Tabelle rechts). Das bedeutet für Sie, dass im Sommer viel Zeit zum Genießen und im Winter zum Pläneschmieden bleibt.

Gut gerüstet

Eine große Hilfe bei allen Gartenarbeiten sind gute Geräte. Altes, verbeultes, unscharfes oder gar rostiges Werkzeug ersetzen Sie besser durch neues. Je nachdem, wie oft und wie lange Sie im Garten arbeiten, lohnt die Anschaffung teurer Geräte – gerade die häufig benutzten Dinge und stark beanspruchten Werkzeuge wie Spaten, Schaufel, Schubkarre, Gartenschere, Astschere und Säge sollten von guter Qualität sein. Stecksysteme, bei denen ein Stiel für mehrere Geräte verwendet werden kann, halten stärkeren Belastungen nicht lange stand – ist Ihr Garten groß, sind einteilige Gerätschaften die bessere Wahl.

Wann immer Sie im Garten arbeiten – ziehen Sie feste Schuhe (keine offenen Schuhe) und eine lange Hose an –, dann sind Sie gut vor etwaigen Verletzungen geschützt und haben immer einen sicheren Stand. Praktisch sind auch Gartenhandschuhe in der richtigen Größe – so können Sie jederzeit gut zugreifen, ohne sich zu verletzen, und Ihre Haut dankt es Ihnen, weil sie nach dem Kontakt mit der Erde nicht mehr austrocknet.

Neben den passenden Gartengeräten/-werkzeugen (siehe Bild oben links) ist es praktisch, wenn Sie zudem Folgendes stets vorrätig haben:

- Tontöpfe und Untersetzer in verschiedenen Größen
- kleine Plastiktöpfchen zum Aussäen, Stecklinge ziehen oder Eintopfen
- organischen Dünger (Hornmehl), Blumenerde, Sand (wenn der Boden schwer und lehmig ist)
- Rasensamen zum Ausbessern offener Stellen
- einen großen Plastikkorb oder Eimer zum Transportieren der kleineren Gerätschaften
- Bindedraht, Pflanzstäbe, schmale Holzlatten
- große Gießkannen, Schlauch, Gießaufsatz, Leiter
- an elektrischen Geräten sind ein guter Rasenmäher, eine gute Heckenschere und eventuell ein Kantenschneider wichtig

Nach einem schönen gemeinsamen Ausflug können Sie auch mit Kindern für ein Weilchen im Garten arbeiten. Lassen Sie die Kleinen ruhig mitmachen, wenn sie Ihnen helfen wollen.

WAS IST ZU TUN IM ...

... Frühjahr	Rosen, Stauden und Kübelpflanzen zurückschneiden; ab Mai Balkonpflanzen und junge Gemüsepflanzen einkaufen (Beete vorher lockern und düngen); Stauden pflanzen; Kompost umsetzen und auf Gemüsebeete verteilen bzw. beim Einpflanzen mit verwenden
... Sommer	Hecken schneiden; welke Blüten bei Rosen, Kübel- und Balkonpflanzen abknipsen; Beete jäten und lockern; in Trockenperioden Blumen und Gemüse morgens oder abends gießen, trockene Rasenstellen abends beregnen; Obst, Gemüse und Kräuter ernten und verarbeiten; eventuell Rasen aussäen
... Herbst	Pflanzzeit für Sträucher, Rosen und andere Gehölze; Stauden teilen und umsetzen; Laub zusammenkehren und kompostieren, Staudenbeete anlegen (Boden zwischen den jungen Pflanzen mulchen); in den ersten Frosttagen Beete gegebenenfalls umgraben
... Winter	an trockenen, frostfreien Tagen im Februar/März Obstgehölze auslichten; immergrüne Gehölze in Kübeln ab und zu kräftig wässern (wenn kein Frost ist)

Beete vorbereiten & bepflanzen

Die Vorbereitung

Nehmen Sie sich für die Beetvorbereitung etwas Zeit und planen Sie vorher die Bepflanzung grob durch, denn das Gesicht Ihres Beetes wird später ein wichtiger Bestandteil Ihres Gartens sein. Gehen Sie am besten folgendermaßen vor:

1) Bestimmen Sie den Standort: Legen Sie den Platz fest, wo Ihr Beet entstehen soll. Liegt der Platz in der Sonne (hier scheint die Sonne fast den ganzen Tag hin), kommen sonnenliebende Blütenpflanzen, Steingartenpflanzen oder ein Kräuter-/Gemüsebeet infrage; ist der Platz für einige Stunden am Tag im Schatten, wachsen schattenverträgliche Arten hier besser (siehe Seite 60).
2) Legen Sie die Form fest. Markieren Sie die Form des Beetrandes mit einem Gartenschlauch oder mit Sand. Damit die Bepflanzung eines Beetes gut zur Wirkung kommt, muss es groß genug sein (Bogendurchmesser mindestens 1–1,5 m, Kreisdurchmesser 2–3 m, Breite eines geraden Beetes mindestens 1 m) – seien Sie also großzügig. Gemüsebeete legen Sie am besten rechteckig an.
3) Kaufen Sie die Pflanzen in ausreichender Menge ein: Auf einen Quadratmeter passen z. B. zwei bis fünf hohe Stauden (100–200 cm Höhe) oder fünf bis neun mittelhohe Stauden (50–90 cm) oder 12 bis 16 Bodendecker. An Materialien brauchen Sie Dünger (Hornspäne), eventuell Rindenmulch und, falls Sie eine Beeteinfassung haben wollen, die entsprechende Menge Steine (plus ein bis zwei Säcke Sand und einen Sack Zement).
4) Stellen Sie die Geräte und das Zubehör zusammen. Sie brauchen: einen guten Spaten, einen Grubber oder einen Kreil, eine Schaufel, einen Rechen oder einen stabilen Drahtbesen, eine Blumenkelle, eine Schubkarre und einen stabilen Eimer oder einen Plastikkorb. Wenn Sie Sträucher

Profi Tipp von mein schöner Garten

Graben Sie bereits im Herbst/Winter die Fläche um, die Sie im Frühjahr bepflanzen wollen. Durch den Frost wird der Boden krümeliger; auch das Wurzelwerk der unerwünschten Wildkräuter wird so geschädigt, dass Sie es im Frühjahr leichter haben, diese vollständig zu entfernen.

Ein Beet zum Bepflanzen oder Aussäen vorbereiten

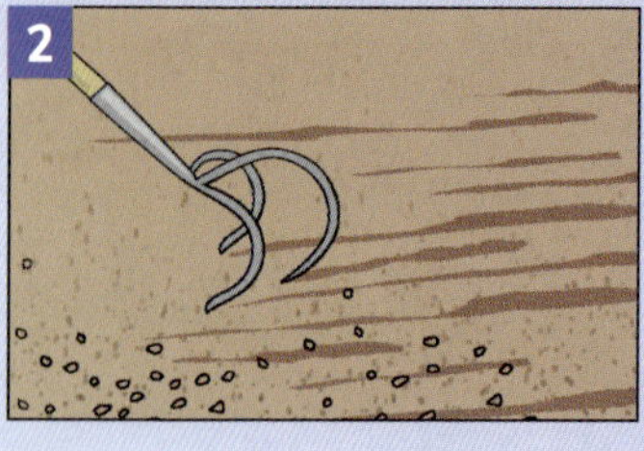

Die Beetfläche im Herbst umgraben (1). Zuerst mit dem Spaten einen etwa 20 Zentimeter tiefen Graben ausstechen – Erdschollen entweder zur Seite oder direkt an die Grabenkante legen. Nun die Arbeitsrichtung wechseln und die nächste Reihe mit dem Spaten umgraben, die Erdschollen nebeneinander in den vorher ausgehobenen Graben legen – so bleibt die Fläche eben.
Im Frühjahr Dünger einstreuen oder Kompost aufbringen, mit einem Grubber oder einem Kreil oberflächlich einarbeiten (2).
Zum Schluss zuerst mit dem Grubber und dann mit einem Rechen die Fläche wieder glatt ziehen (3).

So ein buntes Feuerwerk kann ein Blumenbeet im Sommer sein. Diese Kombination aus kräftigen Gelb- und Rottönen wirkt besonders schön vor der ruhigen Kulisse einer Schnitthecke.

oder Rosen pflanzen, ist eine gute Gartenschere für den Pflanzschnitt nötig.

5) Dann wird das Beet tiefgründig gelockert (siehe auch Tipp und Kasten links), damit der Boden wieder durchlässig für Luft, Wasser und Nährstoffe wird und die Pflanzen gut wachsen können. Wollen Sie das Beet auf einer Rasenfläche anlegen, stechen Sie die Rasensoden vorher flach mit einem Spaten ab. Auch wenn die Meinungen über das Umgraben geteilt sind, so ist dies die beste Methode, um einen verdichteten Boden, wie er in vielen Gärten vorkommt, ausreichend zu lockern. Falls Sie nicht umgraben wollen, lockern Sie den Boden mit einem Grubber oder Kreil auf.

6) Beginnen Sie mit dem Umgraben an der Beetkante (siehe Kasten links), bzw. an der rechten oder linken Seite des zukünftigen Beetes. Haben Sie im Herbst umgegraben, sind die Soden nun locker und krümelig, wenn nicht, müssen Sie die Soden mit dem Spaten so weit wie möglich zerkleinern. Entfernen Sie gleichzeitig alle Unkräuter so gründlich wie möglich. Bei Wurzelunkräutern, wie z. B. Giersch, ist das Umgraben im Winter besser, da die Wurzelstücke dann absterben; ansonsten sollten Sie den Boden durchsieben, um die Wurzelstücke zu entfernen (diese trocknen lassen, bevor Sie sie auf den Kompost bringen). Auch die Pfahlwurzeln von Ampfer oder Löwenzahn sollten Sie so gut wie möglich herausnehmen.

7) Die Beetfläche sollte später auf der gleichen Höhe, bzw. nur wenig höher als der Beetrand liegen. Füllen Sie deshalb gegebenenfalls mit Gartenerde oder Komposterde auf, wenn die Beetfläche tiefer als der Rand liegt; nehmen Sie Erde heraus, wenn sich die Beetfläche zu hoch wölbt.

8) Streuen Sie nun den Dünger oder die Komposterde locker auf die Fläche und beginnen Sie, den Boden mit einem Grubber, noch besser mit einen Kreil, wieder einzuebnen. Eventuelle Bodenunebenheiten sollten Sie jetzt nochmals ausgleichen. Größere Erdpartikel ziehen Sie zum Schluss mit dem Rechen oder Drahtbesen ab (siehe Kasten links).

Es macht Spaß, neue Pflanzen einzukaufen. Neben den blühenden Sträuchern sind auch die unterschiedlichen Wuchsformen der Bäume immer wieder eine Bereicherung für unseren Garten.

Ein Beet bepflanzen

- im Herbst vor der Pflanzung das Beet umgraben
- vor dem Einpflanzen das Beet auflockern und ebnen
- beim Einkaufen nur gesunde Pflanzen auswählen
- Pflanzen auf dem Beet gruppieren – höhere Pflanzen nach hinten (bei einem kreisrunden Beet in die Mitte), niedrigere in ihrer Höhe gestaffelt nach vorne; Beetpflanzen immer auf Lücke setzen
- in der hintersten Reihe mit dem Einpflanzen beginnen (bei einem runden Beet die Pflanzen in der Mitte)
- Pflanzen tief genug einsetzen – der Wurzelhals sollte auf gleicher Höhe wie die Beetoberfläche sein
- Pflanzen gut andrücken und kräftig wässern

Mit dem Bepflanzen beginnen

Gruppieren Sie die Pflanzen zunächst noch im Topf auf das Beet; die höher wachsenden kommen nach hinten, die niedrigeren weiter nach vorne. Sind die Wurzelballen trocken, wässern Sie die Pflanzen vorher noch einmal gründlich (die Ballen kräftig gießen oder für etwa eine Stunde in eine Schüssel mit Wasser legen).

Ordnen Sie die Pflanzen – je nach späterer Endgröße – im Abstand von jeweils 15 bis 40 Zentimeter an. Sie sollten möglichst „auf Lücke" zueinander stehen. Ziehen Sie die Pflanzen erst dann aus den Töpfen; dabei die Wurzeln an der Unterseite des Topfes eventuell abschneiden und den Topf an einer Kante vorsichtig anklopfen.

Beginnen Sie mit der Pflanzreihe, die am weitesten von der Beetkante entfernt liegt. Formen Sie mit der Blumenkelle (oder mit dem Spaten) ein ausreichend tiefes und breites Pflanzloch – der Wurzelballen sollte vollständig im Erdreich liegen und genug Platz haben. Bei Sträuchern, Kletterpflanzen, Rosen und anderen Gehölzen geben Sie vor dem Pflanzen noch Komposterde oder Blumenerde und etwas Dünger in das Pflanzloch (Pflanzen vorher einige Stunden wässern). Setzen Sie dann die Pflanze gerade und ausreichend tief ein – der Wurzelhals sollte auf gleicher Höhe wie die Beetoberfläche sein. Falls nicht, wieder etwas Erde einfüllen oder das Pflanzloch noch etwas tiefer machen. Sitzt die Pflanze richtig, füllen Sie die Erde wieder rundherum ein (mit der Kelle, von Hand oder mit dem Spaten). Jetzt die Pflanze mit beiden Händen (bei großen Pflanzen mit dem Fuß) gut andrücken, damit die Wurzeln guten Bodenkontakt bekommen und die Pflanze stabil und gerade steht. Sind alle Pflanzen eingesetzt, wird das Beet kräftig gewässert.

Bis Stauden ihre Endgröße erreicht haben, vergehen etwa zwei bis drei Jahre. Bedecken Sie die Freiräume in der Zwischenzeit immer wieder mit einer Mulchschicht oder pflanzen Sie kurzlebige Blumen, wie z. B. Stiefmütterchen, Begonien oder Fleißige Lieschen, oder Zwiebelblumen, wie z. B. Tulpen, dazwischen.

Erde, Kompost, Mulch & Co.

Wenn Sie gerne gärtnern, lohnt sich die Anlage von ein bis drei Kompostmieten an einem sonnigen oder halbschattigen Platz. Ist eine Miete voll, lassen Sie sie einige Monate ruhen. Danach umsetzen und allmählich den halbreifen bis reifen Kompost entnehmen.

Das Angebot an Erd-Substraten ist vielfältig. Folgendes sollten Sie möglichst immer da haben:

WELCHE ERDE WOFÜR?

Balkon- und Kübelpflanzen	Balkon- und Kübelpflanzenerde, Blumenerde, Qualitätsblumenerde, Blühpflanzenerde
Rosen	Pflanzerde, Komposterde
Kletterpflanzen	Pflanzerde, Komposterde
Stauden	Pflanzerde, Komposterde
kurzlebige Beetblumen	Blumenenerde oder Pflanzerde
Sträucher und Bäume	Pflanzerde, Komposterde
Kräuter	Pflanzerde
Beerensträucher	Pflanzerde, Komposterde
Gemüse	wenn möglich Komposterde, sonst Pflanzerde

- einen 20-Liter-, besser noch einen 40-Liter-Sack Balkon- oder Kübelpflanzenerde für Ihre blühenden Topf-, Balkon- und Kübelpflanzen,
- einen 40-Liter-Sack Pflanzerde, wenn Sie Rosen, Sträucher, Kletterpflanzen oder Stauden ein- oder umpflanzen wollen,
- zwei bis drei Säcke Rindenmulch (Sie können aber auch Heckenschnitt oder trockenen Rasenschnitt zum Mulchen nehmen),
- einen Sack Universaldünger (im Handel unter den Namen „Gartendünger", „Naturdünger" oder „Hornspäne" erhältlich) – er ist für fast alle Pflanzen geeignet,
- Spezialerden und entsprechende Spezialdünger benötigen Sie nur für Zitruspflanzen, Rhododendren, Hortensien, Azaleen und Heidekrautgewächse (Erika).

So bleibt der Rasen top in Form

Gerade zu hohen Bäumen oder Sträuchern mit schönen Wuchsformen ist ein gepflegter Rasen die passende Kulisse. Auch die Farbigkeit der Frühjahrsblumen wird durch das zarte Grün der Rasenfläche unterstrichen.

Kein Garten ohne Rasen

Wer möchte ihn missen, diesen sanften grünen Teppich, egal ob als Spielwiese oder einfach nur als schöne Kulisse vor Gehölzen oder bunten Blumen?

Ein Rasen besteht aus einer Mischung verschiedener Grasarten. Nach dem Keimen entsteht aus zwei bis drei dünnen Stielen eine dichte Rosette aus vielen Grasstängeln – und je öfter wir mähen, um so dichter wachsen diese Grasbüschel, außerdem regen wir durch den regelmäßigen Schnitt die Ausbildung von Wurzelausläufern an – die Rasenfläche wird immer dichter.

Die Kräuter der so genannten „Trittrasengesellschaften", wie z. B. Gänseblümchen, Spitzwegerich oder Löwenzahn werden durch das Mähen ebenfalls zur weiteren Ausbreitung angeregt. Damit in Ihrem Rasen die, zugegebenermaßen hübsch blühenden Pflanzen nicht die Oberhand gewinnen, müssen Sie die Flächen mähen, bevor die „Unkräuter" Fruchtstände ausgebildet haben (Pusteblume!). Verbreiten sich die Konkurrenten unserer Rasengräser nämlich durch Samen, haben Sie es schwer, diese wieder loszuwerden. Das Wichtigste für einen guten Rasen ist also das regelmäßige Mähen alle ein bis zwei Wochen.

Profi Tipp von mein schöner Garten

Wenn nur wenig Zeit für die Pflege von Blumenbeeten bleibt, säen Sie stattdessen Rasen aus – er hält Wildkräuter fern, ist pflegeleicht und lässt sich später auch problemlos wieder in ein Beet umwandeln.

Boden- und Lichtverhältnisse

Neben der regelmäßigen Pflege, zu der auch das Düngen im Frühjahr und im Sommer gehört (nur an bedeckten, noch besser regnerischen Tagen, düngen), ist es wichtig zu wissen, welche Boden- und Lichtverhältnisse die Grasmischungen Ihres Rasens brauchen. Obwohl Gräser sehr robust sind, gedeihen sie doch am besten an hellen, aber nicht vollsonnigen Standorten und auf lockeren, für Wasser und Luft gut durchlässigen Böden. Wundern Sie sich deshalb nicht, wenn Ihr Rasen an schattigen, sehr feuchten Stellen nicht gut wächst und mit der Zeit vermoost oder an sehr sonnigen Stellen austrocknet und verwelkt. Auch die Konkurrenz durch große Bäume oder Sträucher ist nicht zu unterschätzen, denn deren weites Wurzelwerk entzieht den flach wurzelnden Gräsern sehr viel Wasser. Die trockenen Stellen Ihres Rasens sollten Sie deshalb bei sehr sonnigem Wetter einmal am Tag, am besten abends, gut wässern (bei großen Rasenflächen lohnt sich die Anschaffung eines Beregners).

Rasenfilz entfernen

An schattigen Stellen kommt es zu einem Konkurrenzwachstum zwischen Moosen und den Gräsern. Meistens gesellt sich der Klee dazu. Die geringe Lichtintensität versuchen die Gräser durch ein starkes, dichtes Halmwachstum auszugleichen. Im Winter sterben die Halme ab und bilden im nächsten Frühjahr einen dichten Filz, durch den die jungen Grashalme es schwer haben, hindurchzuwachsen. Dazu kommt, dass sich auf dem feuchten Filzbett, in dem immer etwas Wasser steht, mit der Zeit Moose ansiedeln. Die Gräser versuchen dies wieder durch starkes Dickenwachstum auszugleichen – so setzt sich der Kreislauf immer weiter fort.

Deshalb ist es wichtig, dass Sie den Rasen an schattigen, eventuell auch feuchten Stellen, im Frühjahr vertikutieren, um den Rasenfilz des Winters gründlich zu entfernen. Besorgen Sie sich möglichst einen motorgetriebenen Vertikutierer, denn das Herausziehen der verfilzten Grasreste ist anstrengend. In schattigen Lagen sollten Sie das Vertikutieren einmal pro Jahr durchführen – denn nur so verhindern Sie das Ausbreiten der Moospolster. Ist der Rasen nach dem Entfilzen sehr licht, säen Sie mit einer robusten Rasenmischung („Schattenrasen" oder „Sport- und Spielrasen") nach – vorher den Rasen noch einmal kurz abmähen. Ist der Untergrund sehr feucht, ist es besser, wenn Sie an diesen Stellen ein Beet mit Feuchtigkeit liebenden Pflanzen anlegen. Das können z. B. Blutweiderich, Echtes Mädesüß, Schwertlilie, Sumpfdotterblume, Sumpf-Vergissmeinnicht, Funkie, Sumpffarn, Frauenmantel oder Wieseniris sein.

Rasen säen Schritt für Schritt

Rasenkantensteine setzen: Beetverlauf markieren und eine 15 cm tiefe Bodenrinne ausheben. Zuunterst Sand einfüllen, festtreten, Zement darüber streuen – beides anfeuchten; Steine legen, festklopfen, mittels Gartenschlauch Sand in die Fugen spülen.

Boden vorbereiten: Alles Unkraut entfernen und die Fläche mit einem Grubber oberflächlich auflockern. Bei schweren Böden Sand einarbeiten, ansonsten reicht Zugabe von Hornspänen. Nun die Fläche eben ziehen, alle groben Bestandteile entfernen.

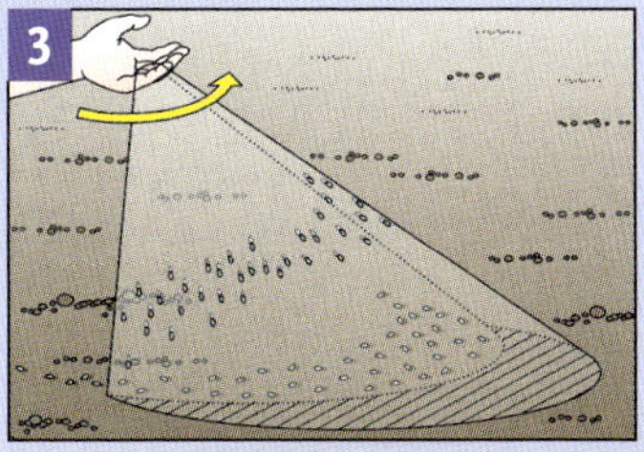

Rasen aussäen: An einem regnerischen Frühsommertag die Samen möglichst gleichmäßig verteilen. Die Samen mittels Walze oder mit kurzen Brettern (unter die Schuhe gebunden) gut andrücken; vorsichtig angießen – nicht austrocknen lassen.

Hecken pflanzen & pflegen

Optimale Pflanzenwahl

Preisgünstig, robust und schnellwüchsig sind Hecken aus Hainbuche, Rot-Buche und Feld-Ahorn. Alle drei Arten haben jedoch im Winter nur wenig oder gar kein Laub – die Äste werden aber mit der Zeit so dicht, dass auch sie einen gewissen Sichtschutz bieten. Das ganze Jahr über blickdicht bleiben Eibe (schattenverträglich, teurer, für Familien mit Kindern nicht geeignet, da die Pflanze giftig ist), Thuja (regelmäßig jedes Jahr schneiden, damit die Hecke nicht verkahlt) und Liguster (gut für schattigere Lagen geeignet, verträgt aber keine kalkhaltigen Böden). Heckengehölze pflanzen Sie am besten im Herbst („Gehölze pflanzen" siehe Seite 19, „Hecke pflanzen" siehe Seite 8). Es lohnt sich, wenn Sie bereits relativ große Einzelpflanzen (so genannte „Heister" mit 1–1,5 m Höhe) kaufen – fragen Sie beim Einkauf gleich nach den richtigen Pflanzabständen. Die großen Pflanzen wachsen besser an, sind gegen Wind und Wetter robuster und die Hecke schließt sich auch dementsprechend schneller.

Verwenden Sie beim Heckenschnitt (hier eine frisch geschnittene Buchsbaumhecke) eine gut schneidende, für Sie handliche Heckenschere und tragen Sie bei dieser verletzungsträchtigen Arbeit Handschuhe, feste Schuhe und eine lange Hose.

Hecken schneiden und renovieren

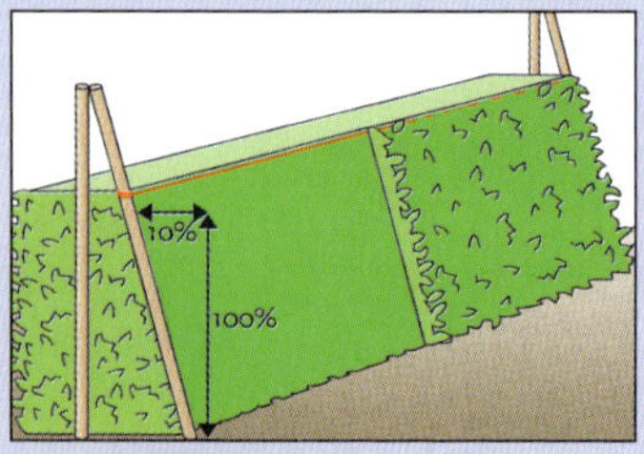

Hecken werden dichter und gesünder bleiben, wenn sie im unteren Bereich breiter sind als oben.
Faustregel: Oberkantenbreite + zu beiden Seiten 10 % der Höhe.
Beispiel: Ist sie oben 40 cm breit und 150 cm hoch, so sollte sie an der Unterflanke 40 cm + 15 cm + 15 cm = 70 cm breit sein.

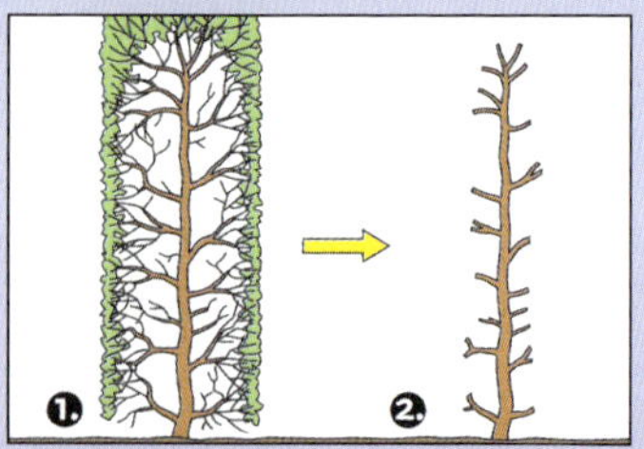

Hecken, die ihr Laub abwerfen und mit der Zeit kahl geworden sind, kann man im Frühjahr (bester Zeitpunkt) wieder renovieren. Hainbuchen bis auf den Stamm und kurze Seitenäste zurücknehmen, Liguster, Rot-Buche, Feld-Ahorn werden um zwei Drittel in ihrer Höhe und Breite gestutzt.

Blütenstrauchhecken (hier mit Flieder und einer rot blühenden Weißdornsorte) sind attraktiv und nützlich zugleich. Auch Felsenbirne, Schneeball oder Eberesche kommen für solche Hecken infrage.

Die ersten Jahre

Damit die Hecke später schön dicht wird, ist der Rückschnitt in den ersten Jahren sehr wichtig. Kürzen Sie bei einer frisch gepflanzten Hecke die Mittel- und die Seitentriebe um etwa ein Drittel bis zur Hälfte mit einer Astschere ein. Wiederholen Sie dies auch im zweiten Jahr. Im dritten Jahr kürzen Sie Haupt- und Seitentriebe nur noch um ein kurzes Stück ein. Im vierten Jahr schneiden Sie die Hecke erstmals von allen Seiten mit einer Heckenschere glatt. Warten Sie dann aber bis zum sechsten Jahr, bis Sie die Hecke regelmäßig jedes Jahr beschneiden. Düngen und gießen Sie die junge Hecke nach jedem starken Rückschnitt; auch bei trockener Witterung sollten Sie die jungen Heckenbäumchen durchdringend wässern.

Hecken schneiden & pflegen

Schneiden Sie Ihre Hecke möglichst einmal im Jahr in der Zeit zwischen Juni und August, Feld-Ahorn und Eibe am besten zweimal (im Mai und im August), dann bleibt sie schön dicht. Gut geeignet sind feuchtwarme, bedeckte Tage – in praller Sonne werden die gekürzten Zweige braun. Geschnitten werden zuerst die Seitenwände, und zwar von unten nach oben, und dann die Oberkante. Belassen Sie die Flankenunterseite breiter als die Flankenoberseite, damit die unteren Äste ausreichend Licht bekommen – siehe Kasten links.

Legen Sie Wert auf eine gerade geschnittene Hecke, ist das Spannen einer Schnur in entsprechender Höhe hilfreich. Je nach Höhe brauchen Sie auch eine Leiter oder einen Laufsteg, auf dem Sie beim Schneiden sicher stehen. Hängen Sie das Kabel während des Schneidens über die Schulter oder verwenden Sie eine spezielle Gürtelschlaufe, mit der Sie das Kabel immer hinter dem Rücken führen können, so dass Sie nicht über das Kabel stolpern.

Wenn die Gehölze stark harzen, verkleben die Scheren – wischen Sie diese zwischendurch mit etwas Brennspiritus ab (Gerät vorher abschalten!). Das getrocknete Schnittgut (1–2 Tage liegen lassen) können Sie übrigens gut zum Mulchen der Beete verwenden. Streuen Sie nach dem Schnitt Hornspäne ein und wässern Sie dann die Hecke ausgiebig.

Beete richtig pflegen

Auf nährstoffreichen Böden wachsen besonders gern Taubnessel, Vogelmiere, Ehrenpreis und Löwenzahn. Versuchen Sie die „Unkräuter" bis zum Ende ihrer Blütezeit zu entfernen, denn setzen sie erst einmal Früchte an, ist es schwer, ihre Ausbreitung zu verhindern.

Beete pflegen rund ums Jahr

Frühjahr	Blumen einkaufen oder vorziehen; Beete vorbereiten; eventuell neue Beete anlegen; bei Stauden die verwelkten Blätter und Früchte abschneiden; Beete mit Balkonpflanzen oder ein- bzw. zweijährigen Sommerblumen bepflanzen, lockern, Hornspäne oder Komposterde einarbeiten, Mulch verteilen
Sommer	bei trockenem Wetter regelmäßig gießen; welke Blüten bei Balkonpflanzen regelmäßig abknipsen; alle 2 bis 3 Wochen den Boden auflockern und Unkräuter entfernen; falls notwendig mulchen
Herbst	Stauden gegebenenfalls umsetzen oder teilen; Stauden und holzige Pflanzen (Rosen, Sträucher, Kletterpflanzen) einpflanzen; Zwiebeln der Frühjahrsblüher setzen
Winter	abgeräumte Beete bei leichtem Frost umgraben

Prachtvolle Beete brauchen gute Böden

Achten Sie deshalb darauf, dass der Boden immer gut gelockert ist (mit Harke oder „Sauzahn“; bei dichten, lehmigen Böden Sand oder Stroh einarbeiten), damit die Pflanzenwurzeln ausreichend Luft bekommen und die Nährstoffe des Bodens besser verfügbar sind. Im Frühjahr streuen Sie einfach Hornspäne von Hand ein, die Sie danach locker einarbeiten. Das Ausbringen hoch konzentrierter Dünger (z. B. Blaukorn) ist nicht nötig. Gut ist es auch, wenn Sie Komposterde zur Verfügung haben. Legen Sie eine drei bis fünf Zentimeter dicke Schicht davon auf – möglichst im zeitigen Frühjahr, damit sich das Kompostsubstrat zersetzt hat und bereits Nährstoffe abgibt, wenn die Pflanzen mit dem Wachstum beginnen. Die Aufdüngung können Sie auch noch im Laufe des Frühsommers vornehmen. Halten Sie die Zwischenräume zwischen den Pflanzen unkrautfrei. Lockern Sie vorher den Boden mit einer Harke, so lassen sich die Kräuter besser herausziehen.

Profi Tipp von mein schöner Garten

Das Ausbringen chemischer Spritzmittel gegen ungeliebte Gartenbewohner wie Blattläuse, Pilze & Co. hilft nur kurzfristig. Auf Dauer halten Sie Schädlinge nur durch gute Pflege und die richtige Standortwahl von Ihren Gartenpflanzen fern.

Pfahlwurzler wie Löwenzahn oder Sauerampfer besser mit einem Wurzelstecher (Gartencenter) ausstechen. Gegen hartnäckige Unkräuter hilft das Abdecken mit einer schwarzen Folie (vom Frühjahr bis zum Spätsommer liegen lassen), unter der die Pflanzen mangels Licht absterben.

„Grossputz“ im Frühjahr

Schneiden Sie im Frühjahr alle verwelkten Pflanzenteile Ihrer mehrjährigen Pflanzen kurz über dem Boden ab. Auch einige der niedrigen Sträucher brauchen einen Rückschnitt, um gesund und blühfreudig zu bleiben (siehe Seite 39). Wenn Sie Zeit haben, streuen Sie Rindenmulch etwa zwei bis drei Zentimeter dick auf die freien Bodenflächen. Blätter und Fruchtstände der Zwiebelblumen schneiden Sie erst dann, wenn diese ganz gelb sind. Um die Blütezeit zu verlängern, ist das Abknipsen verwelkter Blüten bei Rosen während des Sommers sinnvoll. In trockenen, heißen Sommern sollten Sie alle Blumenbeete alle zwei bis drei Tage gießen.

Eine dicke Mulchschicht zwischen den Pflanzen verzögert das Wachstum der Wildkräuter im Blumenbeet erheblich. So bleibt Ihnen zumindest für einige Wochen das Jäten erspart.

Bäume, Sträucher & Kletterpflanzen

Damit unsere Gehölze optimal gedeihen, sind drei Dinge wichtig: der richtige Standort, die fachmännische Pflanzung und ein behutsamer Auslichtungsschnitt, wenn die Sträucher allzu dicht ineinander wachsen.

Standortwahl

Bäume sind bezüglich des Standortes nicht wählerisch – aber an sehr sonnigen Plätzen gedeihen Kiefer, Birke, Eiche und Linde sehr gut, im Halbschatten fühlen sich Buche, Ahorn oder Kastanie wohler. Alle blühenden Sträucher bevorzugen lichte bis sonnige Standorte, brauchen aber einen nährstoffreichen, lockeren Boden (falls nicht vorhanden, reichlich Pflanzerde beim Einsetzen zugeben), der nicht zu nass sein darf. Gleiche Bedingungen brauchen alle Kirsch-, Apfel-, Birnen- und Pflaumenbäume – das gilt auch für deren Zierformen, wie z. B. Zier-Kirsche, Zierapfel, Zierquitte. Beliebte immergrüne Sträucher wie Rhododendron, Kirschlorbeer oder Ilex (Stechpalme) stehen im lichten Halbschatten am besten. Rhododendren brauchen spezielle Moorbeeterden – geben Sie diese beim Einpflanzen reichlich dazu und versorgen Sie die Pflanzen jährlich mit einem speziellen Rhododendrondünger.

Kletterpflanzen mögen es gern, wenn der Wurzelbereich im Schatten liegt (eventuell mulchen). Die oberirdischen Pflanzenteile vertragen Halbschatten oder Sonne. Kletterrosen brauchen einen sonnigen Platz.

Richtig schneiden

Wenn Sie beim Schnitt die Regeln auf der folgenden Seite beherzigen, wird Ihren Pflanzen die Verjüngungskur mit der Schere gut tun:

Das bunte Laub eines Ahorns im Herbst zu betrachten, ist immer wieder ein Erlebnis. Glücklicherweise gibt es auch niedrig wachsende Arten, so dass sie auch in einem kleineren Garten oder im Vorgarten ihren Platz finden können.

- Unsere großen Bäume und die Nadelgehölze vertragen keinen Rückschnitt; auch einige beliebte Ziergehölze wie Magnolie, Felsenbirne, Goldregen, Kirschlorbeer, Rhododendron, Zaubernuss, Zier-Kirsche und die Zier-Pflaume sollten nicht geschnitten werden. Geben Sie diesen Pflanzen besser mehr Raum zum Wachsen und entfernen Sie die daneben stehenden Pflanzen.
- Sträucher, die fächerförmig wachsen, wie z. B. Forsythie, Potentilla, Spiree oder Weigelie, können Sie entweder ganz zurückschneiden oder nur einzelne Äste herausnehmen (auslichten). Beim Auslichten schneiden Sie die einzelnen Astruten immer an einem Verzweigungspunkt ab, damit keine Stummel stehen bleiben. Das Auslichten führen Sie am besten erst nach der Blüte, einen radikalen Rückschnitt gegen Ende des Winters (Februar/März) durch.
- Das Geäst der Sträucher mit anderer Wuchsform, so z. B. Flieder, Schmetterlingsstrauch oder Bauernhortensie wird nicht so dicht – hier ist es aber nützlich, verwelkte Blüten oder abgestorbene Triebe des Winters ab und zu herauszunehmen. Schneiden Sie auch hier die Äste immer direkt an einem Verzweigungspunkt ab.
- Einige Sträucher bilden Ausläufer, vor allem wenn sie zu stark beschnitten werden. Dazu gehören Haselnuss, Ranunkelstrauch oder Spireen. Sie können diese immer wieder abschneiden, auf Dauer hilft es aber nur, wenn Sie sie mit einem Spaten abstechen und ausgraben.

Kletterpflanzen, hier im Bild die schöne Blüte einer Clematis, brauchen nur wenig Pflege. Wird Ihnen die Pflanze zu dicht, nehmen Sie entweder einzelne Triebe heraus oder schneiden Sie sie im frühen Frühjahr auf etwa 40 Zentimeter zurück.

Kletterpflanzen an der Hauswand einsetzen

Heben Sie ein großes Pflanzloch aus, geben Sie beim Einpflanzen reichlich Pflanzerde hinzu. Ist der Boden sehr dicht, zuunterst eine Drainage-Schicht aus Kies oder Tonscherben legen.

Setzen Sie den Wurzelballen leicht schräg ein, dann können die Triebe gerade weiterwachsen. Lösen Sie die Ranken von den Stäben und machen Sie sie fächerförmig am Spalier fest.

Zum Schluss gut mulchen und kräftig angießen. Versuchen Sie den Wurzelraum stets mit Mulch bedeckt zu halten und die Pflanze an trockenen Tagen regelmäßig zu gießen.

Rosen & Kübelpflanzen pflegen

Das Rosenjahr

Nehmen wir einmal an, Sie möchten Rosen einkaufen. Angeboten werden Rosen entweder in einem Pflanztopf (Container-Pflanzen) oder als so genannte „wurzelnackte Ware“ – hier liegen die Wurzeln frei. Container-Pflanzen können Sie während der ganzen warmen Jahreszeit bis in den Herbst hinein pflanzen, wurzelnackte Pflanzen entweder im Herbst oder im Frühjahr.

Rosen sind, was den Standort anbetrifft, sehr eigen: Sonnig und luftig muss er sein, ansonsten ist der Befall mit Pilzen oder Läusen vorprogrammiert. Der Boden muss nährstoffreich, also etwas lehmig, aber trotzdem locker sein. Lockern Sie sehr lehmige Böden deshalb mit Sand auf. Dann setzen Sie die Rosen ein („Beetvorbereitung“ siehe Seite 28; „Einpflanzen“ siehe Kasten unten).

Profi Tipp von mein schöner Garten

Düngen Sie Ihre Rosen einmal im Frühjahr mit einem organischen Dünger oder geben Sie Komposterde hinzu – diese oberflächlich einarbeiten oder um den Pflanzstock herum anhäufeln. Nach der ersten Blüte wiederholen.

Verwelkte Blüten entfernen Sie während der Blütezeit regelmäßig (über dem nächsten fünfzähligen Blatt schneiden). Der Boden wird regelmäßig gelockert und wenn möglich gemulcht. Wird es langsam kühler und die ersten Fröste kündigen sich an, häufeln Sie die Erde rund um die Stöcke auf und legen Reisig oder Laub darüber (siehe auch Seite 46).

Im Frühjahr, so ab Anfang April, bevor die Knospen austreiben, ist es Zeit für den Rückschnitt und fürs Düngen. Entfernen Sie den Winterschutz und schneiden Sie zunächst alle toten, erfrorenen Triebe heraus. Beetrosen kürzen Sie um etwa ein bis zwei Drittel ein (immer direkt über einer Knospe schneiden), bei hohen Strauch- und Kletterrosen nehmen Sie nur die überkreuz wachsenden Triebe heraus (unbedingt Handschuhe tragen!).

Wurzelnackte Rosen pflanzen

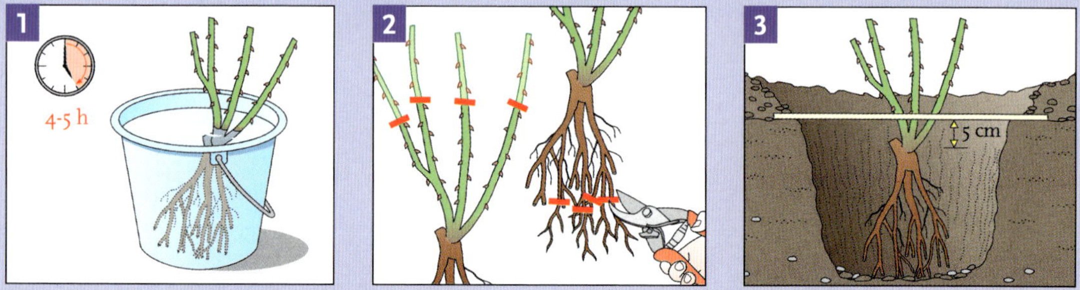

Beim Pflanzen wurzelnackter Rosen gibt es vier wichtige Punkte zu beachten: Wurzeln gut wässern (1), Pflanzschnitt durchführen (2), Veredlungsstelle etwa 5 cm tief unter die Erde setzen (3) und nach dem Pflanzen die Erde anhäufeln. Die Wurzeln zunächst für vier bis sechs Stunden in Wasser legen (1), dann wachsen die Rosen besser an. Davor oder danach die Wurzeln um ein Drittel ihrer Länge einkürzen, grüne Triebe auf 20 cm Länge (2). Die Pflanze in ein ausreichend großes und tiefes Pflanzloch einsetzen, dabei die Veredlungsstelle tiefer setzen (3), etwas Erde und organischen Dünger einfüllen, dann gänzlich mit Erde auffüllen, gut andrücken und kräftig wässern.

Das Gartenjahr mit Kübelpflanzen

Pflanzen, die in Kübeln oder Töpfen wachsen, trocknen schnell aus, deshalb ist es wichtig, dass Sie Ihre Prachtexemplare immer dann gründlich gießen, wenn der Boden oberflächlich trocken ist (Pflanzen in Plastiktöpfen besser in Tontöpfe umsetzen – diese halten die Feuchtigkeit besser). Wenn Sie wollen, können Sie bis Mitte August alle zwei bis vier Wochen etwas Blühpflanzendünger mit ins Gießwasser geben.

Bevor die Nächte frostig werden, müssen Sie die Pflanzen zum Überwintern in einen hellen, kühlen Raum bringen. Achten Sie darauf, dass die Pflanzen dort ausreichend Platz haben. Gießen Sie nur alle ein bis zwei Wochen, dann aber gründlich. So ab Ende März ist die Winterruhe vorbei – jetzt gießen Sie wieder öfter, streuen eine Hand voll Hornspäne ein, topfen eventuell um, entfernen alles Verwelkte und schneiden die Pflanzen kräftig, um etwa zwei Drittel ihrer Länge, zurück. Erhalten Sie dabei auf jeden Fall die ursprüngliche Wuchsform. Ab Mitte Mai können die Kübelpflanzen dann wieder ins Freie gestellt werden.

Achten Sie beim Einkaufen auf gesunde Pflanzen. Diese sollten frei von Schädlingen, der Pflanzenaufbau kompakt und der Knospenansatz reichlich sein. Hier sehen Sie eine prächtige Schönmalve mit orangefarbenen Blüten.

Obst und Gemüse pflegen & verarbeiten

Wem läuft beim Anblick dieser Leckereien nicht das Wasser im Mund zusammen? Und das Beste ist: Äpfel, Birnen, Johannisbeeren, Stachelbeeren, Pflaumen und auch die Mirabellen können Sie an einem sonnigen Plätzchen auch in Ihrem Garten anbauen.

Jungpflanzen setzen

Im Frühjahr, so ab Anfang Mai, wenn auf dem Wochenmarkt die Jungpflanzen von Salat, Kohlrabi, Gurken und allen anderen leckeren Gemüsen angeboten werden, geht die Pflanzsaison los. Kaufen Sie nur das ein, was Sie und Ihre Familie auch gerne essen und achten Sie darauf, dass die Jungpflanzen kräftig grün ausgefärbt sind, dicht wachsen und ausreichend gegossen wurden (der Wurzelballen sollte sich feucht anfühlen). Die Pflanzen sobald wie möglich eingesetzen, denn die jungen, weichen Blätter leiden schnell unter Wasserstress, wenn sie der Sonne ausgesetzt sind und noch nicht im Boden stehen. Bereiten Sie die Beete vor (siehe Seite 28; für die Starkzehrer wie die Gurke reichlich Komposterde oder Pflanzerde zugeben) und setzen Sie die Jungpflanzen mit 20 bis 40 Zentimeter Abstand zueinander ein (immer auf Lücke setzen, dann haben die Pflanzen ausreichend Platz); groß werdende Gemüsesorten, wie z. B. Zucchini oder Gurken, brauchen etwa einen bis zwei Quadratmeter Platz. Gießen Sie gut an.

Im Sommer, sobald es richtig warm geworden ist (ab Anfang Juni), können Sie Gemüse auch aussäen (siehe Seite 44/45); die Samen sind in Gartencentern, Supermärkten und Drogeriemärkten erhältlich. Den Boden der Beete dafür ebenfalls gut vorbereiten.

Die optimale Pflege

In der Anwachsphase sind junge Gemüse- oder Kräuterpflanzen ein gefundenes Fressen für Schnecken. Halten Sie die Umgebung frei von dichtem Bewuchs; mulchen Sie reichlich mit Stroh, das gut abtrocknet und gießen Sie nur in den Morgenstunden. Praktisch ist auch ein Schneckenzaun oder ein geschlossener Frühbeetkasten.

Bis zur Reife der Früchte ist die Bodenpflege wichtig (siehe Kasten rechts). Gießen Sie krautige Pflanzen in trockenen Wetterperioden täglich, die Beerensträucher und Obstbäume brauchen nur nach dem Einpflanzen reichlich Wasser.

Sobald die Pflanzen fruchten, ernten Sie jeden Abend ab – Erdbeeren, Rhabarber (Blattstiele herausdrehen), Tomaten, Gurken, Salat und Radieschen können Sie sofort verzehren. Wenn es viele Früchte sind, lohnt es sich, sie entsprechend zu verarbeiten.

Einlagern & einmachen

Äpfel und Birnen können Sie in einem kühlen Kellerraum für einige Wochen lagern (Regale säubern, mit Papier auslegen, die Früchte mit Abstand nebeneinander legen). Kräuter kann man einfach klein schneiden und einfrieren. Möhren und Lauch können in einer mit feuchten Sand gefüllten Kiste für einige Wochen zwischengelagert werden (kühl stellen). Zwiebeln binden Sie zusammen und bewahren sie trocken und luftig auf.

Alle süßen Beeren lassen sich zu leckeren Marmeladen oder Gelees verarbeiten: Dazu die Früchte in einen großen Topf geben, Gelierzucker hinzufügen. Dann fünf Minuten kochen lassen und den Saft einer Zitrone zugeben. Gelierprobe machen (einen Löffel entnehmen und testen, ob die Masse schon fest wird). Den Schaum abschöpfen, die Marmelade in saubere, heiß gespülte Gläser füllen, die auf einem feuchten Tuch stehen; dann zudrehen, auf den Kopf stellen und abkühlen lassen. Für Gelee brauchen Sie nur den Saft. Zum Entsaften die Früchte 1:1 mit Wasser verdünnen, etwa eine Stunde aufkochen lassen. Dann alles in ein sauberes Mulltontuch geben und über Nacht abtropfen lassen. Den Saft in einer Schüssel auffangen, gelieren – oder, wenn man nur den Saft möchte – die Flüssigkeit nochmals kurz aufkochen lassen und heiß in Flaschen abfüllen.

Beeren lassen sich auch gut einfrieren: dazu die Früchte nebeneinander auf ein Brett legen, gefrieren lassen und erst dann in Tüten umfüllen.

Sobald die Nächte kühler werden ...

... ist die Gemüsesaison im Großen und Ganzen vorbei. Nehmen Sie die Pflanzenreste samt Wurzel heraus und graben Sie die Beete um; die mehrjährigen Kräuter lassen Sie stehen – sie müssen nur im Frühjahr zurückgeschnitten werden. Gegen Ende des Winters, etwa ab Februar, ist es Zeit für den Auslichtungsschnitt an den Beerensträuchern und Obstbäumen: Entfernen Sie altes Holz und schneiden Sie überkreuz wachsende Zweige heraus. Bei Obstgehölzen kürzen Sie die Äste nicht ein, sondern lichten nur von innen heraus aus. Bei Brombeeren und Himbeeren entfernen Sie im Herbst oder erst im Spätwinter die Ruten, die im Sommer Früchte getragen haben.

Den Boden gut versorgen

Die Gabe von Komposterde alle vier Wochen tut Ihren Gemüsepflanzen gut – es kann aber auch organischer Dünger sein. Bringen Sie Dünger nur an bedeckten, regnerischen Tagen aus.

Wann immer es geht, sollten Sie die Erde zwischen den Gemüsepflanzen und den Beerensträuchern mit Heckenschnitt, Rasenschnitt oder Rindenmulch mulchen.

Damit Ihre Pflanzen gut mit Wasser, Luft und Nährstoffen versorgt werden, ist regelmäßiges Hacken zwischen den Pflanzen sehr wichtig – dabei das Unkraut mit entfernen.

Pflanzen erfolgreich vermehren

Für die Aussaat auf der Fensterbank ...

... im März/April ist ein Mini-Gewächshaus sehr nützlich – je nachdem, ob Sie im Sommer noch Stecklinge von Geranien oder Fuchsien ziehen wollen, kaufen Sie sich ein kleines oder gleich ein größeres, das sie vielseitiger einsetzen können. Zusätzlich brauchen Sie noch Aussaaterde oder Anzuchterde und, wenn Sie viel aussäen wollen, mehrere Torfplättchen (30–60 Stück). Für geringere Saatmengen sind aus Torf gepresste Töpfchen („Jiffy-Pots") oder kleine Plastiktöpfe nützlich.

Jetzt fehlen nur noch Samenkörner der Pflanzen, die Sie gerne im Garten haben möchten – sie sind in Gartencentern, Supermärkten oder in Drogeriemärkten in reicher Auswahl erhältlich. Sie können aber auch im Herbst bei Ihren Lieblingsstauden die Samen einsammeln, in Papiertütchen packen, auf der Heizung gut trocknen lassen und bis zur Aussaat in einer dichten Blechdose aufbewahren. Samen, die älter als ein Jahr sind, keimen meistens nicht mehr so gut – werfen Sie daher ältere Samentütchen besser weg.

Für die Aussaat auf der Fensterbank bereiten Sie zunächst die Töpfchen vor. Legen Sie die Torfplättchen (Pellets) nebeneinander in die Schale und füllen Sie etwas Wasser ein. Sobald die Pellets auf ungefähr fünf Zentimeter Höhe aufgequollen sind, legen Sie jeweils zwei bis drei Samen in die Vertiefung der Töpfchen, geben ein bisschen Anzuchterde darüber und befeuchten die Erde mit Wasser (kleine Gießkanne mit Brause benutzen). Dann den Deckel auflegen, die Lüftungsklappen des Mini-Gewächshauses schließen und an einen warmen, nicht zu sonnigen Platz auf der Fensterbank stellen.

Wenn der Deckel gut schließt, ist ein weiteres Anfeuchten nicht nötig. Sobald die Pflanzen keimen, können die Lüftungsschlitze ab und zu geöffnet werden. Sind Sie vier bis fünf Zentimeter groß, topfen Sie die Pflänzchen samt Quelltöpfchen in kleine Plastiktöpfe um. Sie können jetzt etwas kühler und an warmen Tagen sogar draußen stehen. Die Pflanzen brauchen viel Wasser, da die torfhaltige Erde in den Plastiktöpfchen rasch austrocknet. Nach zwei bis drei Wochen können Sie die Pflanzen in den Garten setzen.

Die wichtigsten Vermehrungsarten

Die Aussaat ins Beet wird vor allem bei Gemüsepflanzen ausgeführt. Die Samen keimen am besten, wenn der Boden sehr locker ist und das Beet an einem sonnigen Platz liegt. Nach dem Aussäen den Boden stets gut feucht halten.

Im Herbst können Sie Ihre Stauden teilen und umsetzen. Dazu die Wurzelstöcke vorsichtig ausgraben, den Wurzelballen (oft sind es auch Rhizome) auseinander ziehen oder schneiden, wieder einpflanzen und gut angießen.

Stecklinge schneiden: von den Triebspitzen ein 7–10 cm langes Stück abschneiden (direkt unter einem Blattpaar), in Töpfchen stecken, angießen und im Mini-Gewächshaus anwurzeln lassen (absonnig und warm stellen).

Die Aussaat im Freiland ...

... beginnt ab Juni, wenn die Temperaturen auch nachts hoch genug sind, um eine zügige Keimung zu gewährleisten (siehe Kasten links). Für die Keimung ist es wichtig, dass der Boden locker und nicht zu nährstoffreich ist. Bereiten Sie die Beete wie üblich vor (siehe Seite 28), geben Sie aber weder Kompost noch Dünger hinzu. Bei dichten Böden ist die Zugabe von Sand nützlich. Entfernen Sie größere Erdpartikel, Steinchen und Pflanzenreste beim Abziehen mit dem Drahtbesen so gründlich wie möglich, damit die feinen Sämlinge bei der Keimung gut durch den Boden kommen.

Je nachdem, was Sie aussäen, werden die Samen in Reihen (Gemüse, Kräuter) oder flächig (Rasen, Gründüngungs- und Blumenmischungen) ausgebracht. Versuchen Sie, das Saatgut so gleichmäßig wie möglich auszubringen (eventuell Streuwagen benutzen und etwas Sand zu den Samen geben; für große, runde Samen einen „Säroller" verwenden). Bei der Reihensaat werden vorher im Abstand von 20 bis 30 Zentimetern die Saatrillen gezogen (mittels Stock, Setzholz oder Rillenzieher), die Samen hineingelegt oder gestreut und danach die Rillen wieder mit Erde zugedeckt.

Nach der Aussaat die Erde etwas verdichten, so dass die Samen Bodenkontakt haben. Bei flächiger Saat mit einer Walze oder mit Brettern, die man sich um die Füße bindet; bei Reihensaat mit dem Rechen die Erde etwas andrücken. Zum Schluss vorsichtig, wenn möglich ohne zu Tropfen oder zu Schlämmen, die Aussaat angießen. Benutzen Sie eine große Gießkanne mit Brause (Reihensaat), einen Schlauch mit einem Sprühaufsatz oder einen Beregner (Flächensaat). Danach die Erde stets feucht halten. Sobald die Gemüsepflanzen keimen, die Erde immer wieder lockern (einzinkigen Sauzahn benutzen) und falls nötig, später vereinzeln (z. B. bei Kohlrabi oder Salat).

Während der warmen Sommermonate können Sie von Geranien, Fuchsien oder Efeu neue Pflanzen aus Stecklingen ziehen. Verwenden Sie dafür eine spezielle „Aussaaterde" oder ein Gemisch aus Blumenerde und Sand (im Verhältnis 1:1).

Unser Garten im Winter

Wenn es draußen kühler wird und Bäume und Sträucher peu à peu ihre Blätter abwerfen, gibt es für uns noch allerhand zu tun. Im Winter sind es vor allem der Frost und der kalte Wind, die unseren Pflanzen, besonders den Gehölzen, zusetzen können. Aber an den wärmeren, frostfreien Herbst- und Wintertagen können wir, solange der Boden noch nicht tiefgründig gefroren ist, auch vieles für die Um- oder Neugestaltung unseres Gartens tun (z. B. Beeteinfassungen oder Wege anlegen, Zwiebeln der Frühjahrsblüher auslegen, Stauden teilen und umsetzen). Wichtig im Winter ist auch das Auslichten der Obstbäume.

So schön ist es an einem kalten Wintertag. Gerade die Früchte von Holunder und Schneeball sehen mit Raureif überzogen sehr reizvoll aus. Auch die filigranen Ziergräser zeigen im Winter eine tolle Wirkung (siehe auch Tipp auf Seite 18).

Winterarbeiten auf einen Blick

Sträucher, Bäume	immergrüne Gewächse (Rhododendron, Buchsbaum, Lorbeerkirsche, Eibe) an trockenen, frostfreien Tagen ab und zu kräftig gießen (vor allem, wenn sie in Trögen oder Kübeln stehen)
Rasen	an frostigen Tagen möglichst nicht betreten
Blumen-, Gemüsebeete	freie Bodenflächen in den ersten Frosttagen umgraben; Dahlienknollen ausgraben und frostfrei überwintern
Rosen, Kletterpflanzen	Rosen anhäufeln; Hochstämmchen mit Fichtenreisig oder Kokosmatte einhüllen
Obstbäume	in den letzten Wintermonaten (Januar, Februar) auslichten
Kübelpflanzen	in hellem, frostfreiem Raum überwintern; nur ab und zu, dann aber kräftig, wässern; welke Blätter und Blüten regelmäßig entfernen
Werkzeuge, Schuppen, Geräte	Gartenzubehör säubern und sortieren; Geräte aus Holz oder Metall in einem trockenen Raum aufbewahren; Wasserleitung trocken legen
Gartenmöbel	Holzmöbel in frostfreiem Raum lagern

Frostschutz anbringen

Pflanzen, die in Kübeln überwintern, meist sind das Buchsbäumchen oder kleine Nadelgehölze, brauchen vor dem Wintereinbruch noch einmal viel Wasser. Gleiches gilt für Eiben, Rhododendren oder den Kirschlorbeer. Bäumchen im Kübel brauchen zudem einen Frostschutz: Wickeln Sie den Topf bei frostigen Temperaturen in eine kurze Schilfmatte, noch besser eine Kokosmatte ein. Bei den Beet-, Zwerg- und Edelrosen häufeln Sie jeden Pflanzstock mit Erde und etwas Laub oder mit Komposterde 15 bis 20 Zentimeter hoch an. Bei sehr strengem Frost auch die oberen Zweige der Rosen dick mit Tannen- oder Fichtenreisig bedecken. Auch die Zweige der Kletterrosen brauchen, wenn sie an einem luftigen Platz stehen, einen entsprechenden Winterschutz. Kehren Sie auf dem Rasen liegendes Laub vor dem Winter zusammen (auf den Kompost; als Mulch auf Beetflächen), damit es dort nicht zu faulen beginnt.

Profi Tipp von mein schöner Garten

In langen Frostperioden nehmen gerade Hortensien und Rosen schaden. Der eisige Wind entzieht ihnen Feuchtigkeit, viele Äste vertrocknen. Schützen Sie sie also bei starkem Frost, z. B. mit Tannen- oder Fichtenzweigen.

Geräte überwintern

Damit Ihre Gartengeräte nicht rosten und deren Holz nicht aufquellen kann, stellen Sie Werkzeuge und Gartengeräte möglichst in einen warmen, trockenen Raum im Haus (z. B. in den Heizungskeller). Wenn Sie im gleichen Zug noch alle Metallteile reinigen und mit etwas Öl einreiben, halten Ihre Werkzeuge umso länger. Stellen Sie zudem alle Gartenstühle ins Haus, vor allem wenn sie aus Holz sind. Falls Sie Zeit haben, streichen Sie Stühle und Tisch mit einer entsprechenden Holzschutzfarbe. Auch so mancher Holzzaun ist für einen Anstrich vor dem Winter dankbar.

Entfernen Sie das Wasser aus den Wasserleitungen, die im Garten verlegt sind, damit die Rohre bei Frost nicht platzen: Drehen Sie noch vor den ersten Frösten den Haupthahn nach draußen ab; lassen Sie dann das restliche Wasser einfach herauslaufen. Nun können Sie den außen liegenden Wasserhahn zudrehen.

Rosen-Hochstämmchen, junge Bäume und Bäumchen, die in Kübeln stehen, brauchen in kalten Wintern Schutz. Die Matten aus Schilfhalmen sind im Gartencenter oder im Baumarkt erhältlich.

Sicherheit & Gartenrecht

Vorsicht ist besser als Nachsicht

Machen Sie daher Ihren Garten, sobald die Kinder loskrabbeln können, kindersicher (siehe auch „Kinderseite“ 22–25):

- Stolperfallen (herumliegende Schläuche, Steine, Bretterhaufen, Löcher im Rasen) und alles Scharfkantige (Behälter aus Metall, Spaten, Schaufel) entfernen – auch Sägen, Scheren etc. müssen für Kinder unerreichbar sein.
- Alle mit Wasser gefüllten Behälter (Regentonne, Wasserbassin) müssen Sie mit einem Deckel verschließen, den die Kinder nicht öffnen können; auch Vogeltränke und der Gartenteich sind erst einmal tabu.
- Erziehen Sie Ihre Kinder dazu, keine Pflanzenteile in den Mund zu nehmen, denn viele unserer Gartenpflanzen sind giftig, so z. B.: Aronstab, Goldregen, Eibe, Lonicera/Geißblatt, Thuja, Liguster, Efeu, Pfaffenhütchen, Wacholder, Kirschlorbeer oder Oleander – weitere giftige Arten finden Sie im Porträtteil ab Seite 50.

Ein gutes Miteinander ist das Allerwichtigste. Sagen Sie Ihrem Nachbarn Bescheid, wenn es bei Ihnen lauter wird (Gartenfest, Säge- oder Häckselarbeiten o. Ä.); auch die Art und Weise der Grundstücksbepflanzung (z. B. die Heckenhöhe) sollten Sie miteinander besprechen.

Nachbarschaftsrecht

Rasen mähen, Hecke schneiden, Häckseln	ist werktags von 7–20 Uhr erlaubt
Geräte mit hoher Dreh-Frequenz	dürfen werktags von 9–13 Uhr und 15–17 Uhr benutzt werden (Rasentrimmer, Laubsauger, Stichsägen)
Kompostieren	der Kompost darf nicht stinken (Küchenabfälle besser in der Biotonne entsorgen; für gute Belüftung des Kompostes sorgen; siehe Seite 31)
Bäume fällen	ältere Bäume dürfen nur gefällt werden, wenn sie krank sind oder Umsturzgefahr droht; in jedem Fall bei der Gemeinde eine Baumfäll-Genehmigung erteilen lassen
Hecke oder Sträucher entfernen	einheimische Gehölze (z. B. Rot-Buche, Feld-Ahorn, Schneeball) dürfen nur von Oktober bis März herausgenommen werden (Vogel-Brutplätze); bei Ziergehölzen (z. B. Forsythie) keine Einschränkung
Bewuchs von Grundstücksgrenzen	Hecken und Sträucher sollten allgemein nicht höher als 1,20 m sein (mit dem Nachbarn absprechen); der Abstand vom Zaun sollte etwa einem Drittel der Wuchshöhe der Gehölze entsprechen
Lärmbelästigung im Allgemeinen	beginnt bei 60 dB (ein Elektro-Rasenmäher hat z. B. 84 dB = 84 Dezibel); in Industriegebieten darf der Lärmpegel bei 50–70 dB liegen, in Wohngebieten zwischen 55 dB tagsüber und 35 dB in der Nacht; in Streitfällen bei der Gemeindeverwaltung über die ortsüblichen Regelungen informieren

Porträts

Ein- und zweijährige Farbtupfer

Eis-Begonie

Begonia-Cultivars *Semperflorens*-Gruppe

Blüte: Variationen in Rosa, Rot und Weiß von April bis Oktober. **Wuchs:** 0,2 bis 0,3 m hoch; 0,1 bis 0,2 m breit; kompakt buschig. **Standort:** halbschattig in durchlässiger, humoser Erde; gedeiht in jedem normalen Gartenboden. **Pflege:** mittlerer bis hoher Nährstoffbedarf; mittel bis viel gießen; Verblühtes wegnehmen, um die Blütezeit zu verlängern. **Besonderheiten:** leicht und schnell zu pflegen; für kleine Gärten, schön für Beeteinfassungen, Kübel und Gräber.

Gänseblümchen

Bellis perennis

Blüte: weiß bis weißrosa von März bis September; einfach bis gefüllt. **Wuchs:** 0,1 bis 0,2 m hoch; 0,1 bis 0,2 m breit; flach wachsend bis teppichartig. **Standort:** sonnig bis halbschattig in durchlässiger Erde; gedeiht in jedem normalen Gartenboden. **Pflege:** mittlerer Nährstoffbedarf; gleichmäßig gießen. **Besonderheiten:** leicht und schnell zu pflegen; für die Bepflanzung von Kübeln, Kästen und Gräbern geeignet; kompakt wachsend mit schönen Blüten.

Weitere Farbtupfer ...

Ringelblume *Calendula officinalis* blüht von Mai bis September in Gelb, Orange, Rosa und Weiß; einfach bis gefüllt. **Standort:** sonnig in durchlässiger, sandig-lehmiger Erde. **Pflege:** mittlerer Nährstoffbedarf, regelmäßig gießen; verblühte Pflanzenteile regelmäßig entfernen, um Blütezeit zu verlängern; pflegeleicht; für kleine Gärten

Sonnenblume *Helianthus annuus* hat von Juli bis September gelbe, orangefarbene oder rotbraune Blüten; gefüllt und einfach, groß. **Standort:** sonnig in durchlässiger bis sandig-lehmiger Erde. **Pflege:** hoher Nährstoffbedarf; gleichmäßig gießen; pflegeleicht; für kleine Gärten

Duftwicke *Lathyrus odoratus* blüht purpurrosa bis dunkelpurpur, weinrot, ein- bis vielfarbig von Juli bis September. **Standort:** sonnig bis halbschattig in durchlässiger bis sandig-humoser Erde. **Pflege:** mittlerer bis hoher Nährstoffbedarf; gleichmäßig gießen; im Frühjahr lange Triebe kürzen, um einen buschigeren Wuchs zu erzeugen; pflegeleicht; giftig

Fleißiges Lieschen

Impatiens walleriana

Blüte: karminrot, lavendelblau, orange, rosa, rot oder weiß von Juni bis September. **Wuchs:** 0,3 bis 0,6 m hoch; 0,3 bis 0,6 m breit; aufrecht buschig. **Standort:** halbschattig in durchlässiger, humoser Erde; gedeiht in jedem normalen Gartenboden. **Pflege:** mittlerer Nährstoffbedarf; gleichmäßig gießen; regelmäßig ausputzen. **Besonderheiten:** für kleine Gärten und für Kübel am Eingang; leicht und schnell zu pflegen; der unermüdliche Blüher besitzt auffällige Blüten.

Garten-Stiefmütterchen

Viola x wittrockiana

Blüte: Farbvariationen in Blau, Gelb, Orange, Rosa, Rot, Violett, Weiß von Februar bis Juni. **Wuchs:** 0,2 bis 0,25 m hoch; 0,2 bis 0,25 m breit; kompakt buschig, horstbildend. **Standort:** sonnig bis halbschattig in durchlässiger bis sandig-lehmiger Erde; gedeiht in jedem normalen Gartenboden. **Pflege:** mittlerer Nährstoffbedarf; gleichmäßig gießen. **Besonderheiten:** für kleine Gärten zu empfehlen; leicht und schnell zu pflegen; schön kompakt wachsend.

Große Studentenblume *Tagetes erectra* mit gelben bis orangefarbenen Blüten von April bis September. **Standort:** sonnig in durchlässiger Erde. **Pflege:** mittlerer bis hoher Nährstoffbedarf; gleichmäßig gießen; frühzeitiges Entspitzen der Haupttriebe, regelmäßiges Putzen; pflegeleicht; für kleine Gärten

Kapuzinerkresse *Tropaeolum majus* blüht hellgelb, orange, rot von Juni bis September. **Standort:** sonnig bis halbschattig in fruchtbarer, durchlässiger Erde. **Pflege:** hoher Nährstoffbedarf; gleichmäßig gießen; die schnell wachsende Pflanze eignet sich auch zur Begrünung von Pergolen und Spalieren

Garten-Zinnie *Zinnia elegans* blüht von Juni bis August in Farbvariationen von Weiß, Rosa, Lachs, Gelb, Scharlachrot oder Orange. **Standort:** sonnig in durchlässiger bis sandig-humoser Erde. **Pflege:** mittlerer bis hoher Nährstoffbedarf; regelmäßig gießen; regelmäßig Verblühtes entfernen, um die Blütezeit zu verlängern

Die ersten Frühlingsboten

Hyazinthe

Hyacinthus orientalis

Blüte: blau, gelb, rosa, rot, weiß von April bis Mai. **Wuchs:** 0,2 bis 0,3 m hoch; 0,1 m breit; schmal aufrecht. **Standort:** sonnig bis halbschattig in durchlässiger bis sandig-lehmiger Erde; gedeiht in jedem normalen Gartenboden. **Pflege:** niedriger Nährstoffbedarf; gleichmäßig gießen. **Besonderheiten:** für kleine Gärten und Kästen zu empfehlen; leicht und schnell zu pflegen; auffällige Blüten; mäßig frosthart – ein geschützter Standort ist empfehlenswert.

Narzissen

Narcissus-Hybriden

Blüte: von Weiß über Gelb bis Rot, sortenabhängig von März bis Mai. **Wuchs:** Höhe und Breite sortenabhängig; aufrecht. **Standort:** sonnig in durchlässiger Erde; gedeiht in jedem normalen Gartenboden. **Pflege:** mittlerer Nährstoffbedarf; gleichmäßig gießen. **Besonderheiten:** leicht und schnell zu pflegen; für kleine Gärten, in Kübel- und Topfkultur, bunten Beet- und Staudenpflanzungen; Schnittblume mit auffälligen Blüten in verschiedenen Formen; giftig.

Weitere Frühlingsblüher ...

Frühlings-Krokus *Crocus vernus* blüht weiß bis violett, häufig gestreift von März bis April. **Standort:** sonnig in durchlässiger Erde, gedeiht in jedem normalen Gartenboden. **Pflege:** niedriger Nährstoffbedarf; wenig gießen; leicht und schnell zu pflegen; für kleine Gärten; schöner Frühlingsblüher

Schneeglöckchen *Galanthus nivalis* blüht weiß von Januar bis März. **Standort:** halbschattig in sandig-humoser bis sandig-lehmiger Erde, gedeiht in jedem normalen Gartenboden. **Pflege:** mittlerer bis hoher Nährstoffbedarf; gleichmäßig gießen; leicht und schnell zu pflegen; für kleine Gärten, schöner Winterblüher; giftig

Traubenhyazinthe *Muscari botryoides* zeigt von (März) April bis Mai blaue Blüten. **Standort:** sonnig in durchlässiger Erde, gedeiht in jedem normalen Gartenboden. **Pflege:** mittlerer Nährstoffbedarf; gleichmäßig gießen; leicht und schnell zu pflegen; für kleine Gärten, auch für Kübel und Töpfe; schön auch als Unterpflanzung von lichten Gehölzen (z. B. Forsythie)

Kissen-Primel

Primula-Vulgaris-Hybriden

Blüte: Farbvariationen in Gelb, Rosa, Rot, Violett und Weiß von März bis April. **Wuchs:** 0,08 bis 0,12 m hoch; 0,1 bis 0,15 m breit; horstartig, buschig. **Standort:** halbschattig in sandig-humoser bis sandig-lehmiger Erde; gedeiht in jedem normalen Gartenboden. **Pflege:** mittlerer Nährstoffbedarf; gleichmäßig gießen. **Besonderheiten:** für kleine Gärten, Kübel- und Topfkultur, bunte Beet- und Staudenpflanzungen, hübsch auch als Beeteinfassungen, für Gehölzränder und als Grabbepflanzung.

Tulpen

Tulipa-Hybriden

Blüte: Farbvariationen in Gelb, Rosa, Rot, Violett von Mai bis Juni; gefüllt oder ungefüllt. **Wuchs:** 0,3 bis 0,6 m hoch; 0,1 bis 0,2 m breit; schmal aufrecht. **Standort:** sonnig, manche Arten vertragen auch Halbschatten, in sandig-humoser bis sandig-lehmiger Erde; saurer Boden ist ungünstig. **Pflege:** mittlerer Nährstoffbedarf, Langzeitdünger verwenden; gleichmäßig gießen; nach der Blüte welke Köpfe entfernen. **Besonderheiten:** für kleine Gärten zu empfehlen; leicht und schnell zu pflegen.

Setztiefe für Zwiebelpflanzen

Legen Sie die Zwiebeln noch im Herbst aus – je nachdem, wie es Ihnen besser gefällt – in einen Kasten oder direkt ins Beet. Im Kasten ist ein Erde-Sand-Gemisch empfehlenswert, damit die Zwiebeln nicht faulen. Setzen Sie eine Zwiebel grundsätzlich zweimal so tief ein, wie die Zwiebel hoch ist. Einen Überblick über die Pflanztiefen gibt Ihnen die Abbildung rechts.

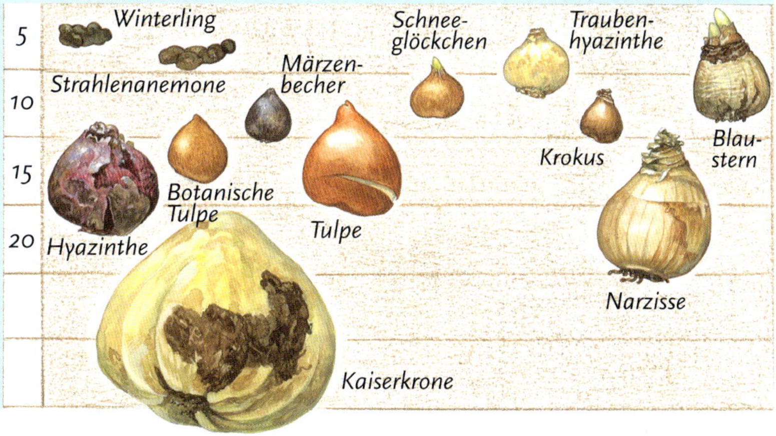

Traumhafte Balkonpflanzen

Strauchmargerite

Argyranthemum frutescens

Blüte: gelb, weiß, rosa von Mai bis Oktober; strahlenförmig. **Wuchs:** 0,3 bis 0,7 m hoch; 0,3 bis 0,7 m breit; aufrecht buschig bis halbrund. **Standort:** sonnig und geschützt in sandig-humoser bis sandig-lehmiger Erde oder käuflicher Balkonpflanzenerde. **Pflege:** hoher Nährstoffbedarf; gleichmäßig gießen; regelmäßig verwelkte Blüten ausputzen; bei mindestens 3 °C an einem hellem Standort überwintern. **Besonderheiten:** leicht und schnell zu pflegen; lange Blütezeit; prächtig als Hochstämmchen.

Fuchsie

Fuchsia-Cultivars

Blüte: Farbvariationen in Rosa, Rot, Violett, Weiß von Mai bis September. **Wuchs:** 0,3 bis 1,2 m hoch; 0,3 bis 0,6 m breit; aufrecht strauch- oder baumförmig bis überhängend. **Standort:** hell bis halbschattig in durchlässiger, humoser Erde oder Balkonpflanzenerde aus dem Fachhandel. **Pflege:** hoher Nährstoffbedarf; regelmäßig gießen; nach dem Überwintern in Form schneiden, ohne zu tief ins alte Holz zu gehen; bei mindestens 3 °C an einem hellen Standort überwintern. **Besonderheiten:** für Ampeln, in Kübeln als Leitpflanze.

Weitere Balkonstars ...

Berg-Steinkraut *Alyssum montanum* blüht hellgelb von April bis Juni. **Standort:** sonnig in sandig-kiesiger Erde, gute Drainage, Boden neutral bis alkalisch. **Pflege:** niedriger Nährstoffbedarf; wenig gießen; leicht und schnell zu pflegen; auch für kleine Gärten

Kleinblättriges Felsenkraut *Alyssum serpyllifolium* erfreut von April bis Mai mit hellgelben Blüten. **Standort:** sonnig in durchlässiger Erde, gute Drainage, Boden neutral bis alkalisch. **Pflege:** niedriger Nährstoffbedarf; wenig gießen; leicht und schnell zu pflegen

Knollen-Begonien *Begonia x tuberhybrida* blühen gelb, orange, rosa, rot, violett oder weiß von Juni bis September; einfach bis dicht gefüllt. **Standort:** halbschattig in durchlässiger bis humoser Erde oder käuflicher Balkonpflanzenerde. **Pflege:** mittlerer bis hoher Nährstoffbedarf; gleichmäßig gießen; entspitzen und putzen; auch für kleine Gärten

Pelargonie

Pelargonium zonale, P. peltatum

Blüte: Variationen in Purpur, Rosa, Rot, Violett, Weiß von Mai bis Oktober. **Wuchs:** 0,3 bis 0,5 m hoch; 0,3 bis 0,4 m breit; aufrecht buschig (*P. zonale*), überhängend (*P. peltatum*). **Standort:** sonnig in durchlässiger bis sandig-humoser Erde oder Balkonpflanzenerde aus dem Fachhandel. **Pflege:** hoher Nährstoffbedarf; gleichmäßig gießen; vor der Überwinterung um ein Drittel zurückschneiden; bei mindestens 3 °C an hellem Standort überwintern. **Besonderheiten:** leicht und schnell zu pflegen; sehr robust; Leitpflanze.

Hänge-Petunie

Petunia x atkinsiana

Blüte: rosa, rot, violett, weiß, gelb von Mai bis September. **Wuchs:** 0,15 bis 0,25 m hoch; 0,3 bis 0,6 m breit; niederliegend bis stark hängend. **Standort:** sonnig und vor Regen geschützt; benötigt durchlässige, humose Erde oder Balkonpflanzenerde. **Pflege:** sehr hoher Nährstoffbedarf; regelmäßig gießen; frühzeitig Triebe entspitzen, um gleichmäßigen buschigen Wuchs zu erzielen. **Besonderheiten:** leicht und schnell zu pflegen; für Ampeln; es gibt viele groß- und kleinblütige Züchtungen.

Vanilleblume *Heliotropium arborescens* hat von Mai bis September lavendelblaue bis tief dunkelblaue oder violettblaue Blüten. **Standort:** sonnig bis halbschattig in sandig-humoser bis sandig-lehmiger Erde oder käuflicher Balkonpflanzenerde. **Pflege:** mittlerer bis hoher Nährstoffbedarf; regelmäßig gießen; frühzeitiges Entspitzen der Triebe für buschigen Wuchs, regelmäßig abgeblühte Blüten entfernen; hell bei etwa 10 °C überwintern; leicht und schnell zu pflegen; auch für kleine Gärten

Wandelröschen *Lantana camara* blüht in Farbvariationen in Gelb, Lachsrot, Purpur, Rot oder Weiß von Mai bis Oktober. **Standort:** sonnig in durchlässiger bis humoser Erde oder Balkonpflanzenerde. **Pflege:** hoher Nährstoffbedarf; regelmäßig gießen; Rückschnitt vor dem Einräumen und Formschnitt im Frühjahr; Früchte gelegentlich entfernen; bei 5–10 °C an einem hellen Standort überwintern; leicht und schnell zu pflegen; auch für kleine Gärten; ist giftig

Pflegeleichte, robuste Stauden

Garten-Dahlien
Dahlia-Hybriden

Blüte: Farbvariationen in Gelb, Orange, Rosa, Rot, Violett, Weiß von Juli bis September. **Wuchs:** 0,6 bis 1,3 m hoch; 0,5 bis 0,6 m breit. **Standort:** sonnig in durchlässiger bis sandig-lehmiger Erde; gedeiht in jedem normalen Gartenboden. **Pflege:** hoher Nährstoffbedarf; regelmäßig gießen; Triebspitzen im Frühjahr auskneifen; vor dem ersten Frost den Spross 10 cm über dem Boden abschneiden, Wurzelstöcke ausgraben und in einem Sand-Torf-Gemisch frostfrei und trocken überwintern, Mitte Mai wieder einpflanzen.

Hoher Rittersporn
Delphinium x *cultorum Elatum*-Hybriden

Blüte: Farbvariationen in Blau, Violett, Weiß von Juli bis August; einfach oder gefüllt. **Wuchs:** 1,5 bis 1,8 m hoch; 0,6 bis 0,8 m breit; straff aufrecht, horstbildend. **Standort:** sonnig in durchlässiger bis sandig-lehmiger Erde; gedeiht in jedem normalen Gartenboden. **Pflege:** mittlerer bis hoher Nährstoffbedarf; regelmäßig gießen; Rückschnitt nach der ersten Blüte, nach Abwelken im Herbst kräftig zurückschneiden. **Besonderheiten:** pflegeleicht; Blüte hält lange, herrliche Schnittblume, vor Schneckenfraß schützen!

Weitere beliebte Stauden ...

Gewöhnlicher Frauenmantel *Alchemilla xanthochlora* besitzt von Mai bis August grünlich gelbe Blüten. **Standort:** sonnig bis halbschattig in sandig-humoser bis sandig-lehmiger Erde, gedeiht in jedem normalen Gartenboden. **Pflege:** mittlerer Nährstoffbedarf; gleichmäßig gießen; leicht und schnell zu pflegen

Gemeine Akelei, Wald-Akelei *Aquilegia vulgaris* blüht blauviolett von Mai bis Juni. **Standort:** sonnig bis halbschattig in durchlässiger bis sandig-humoser Erde, gedeiht in jedem normalen Gartenboden. **Pflege:** mittlerer Nährstoffbedarf; gleichmäßig gießen; leicht und schnell zu pflegen; für kleine Gärten; giftig

Tränendes Herz, Herzblume *Dicentra spectabilis* blüht rot mit Weiß und Reinweiß von Mai bis Juni. **Standort:** sonnig bis halbschattig in durchlässiger bis humoser Erde, gedeiht in je-

Garten-Lupine

Lupinus polyphyllus

Blüte: Farbvariationen in Blau, Gelb, Rosa, Rot, Violett und Weiß von Juni bis August. **Wuchs:** 0,7 bis 1 m hoch; 0,6 m breit; straff aufrecht, horstbildend. **Standort:** sonnig in tiefgründiger bis sandig-lehmiger Erde; Boden sauer bis schwach sauer. **Pflege:** niedriger Nährstoffbedarf; gleichmäßig gießen. **Besonderheiten:** leicht und schnell zu pflegen; für bunte Beet- und Staudenpflanzungen; eine bildschöne Duftpflanze, die Bienen und Schmetterlinge anlockt; bei Schnecken beliebt, daher Beet immer unkrautfrei halten.

Pfingstrose

Paeonia-Lactiflora-Sorten

Blüte: rosa, weiß, gelb oder rot von Mai bis Juni; gefüllt oder einfach. **Wuchs:** 0,5 bis 1 m hoch; 0,5 bis 0,7 m breit; aufrecht buschig, horstbildend. **Standort:** sonnig in durchlässiger, nährstoffreicher Erde; gedeiht in jedem normalen Gartenboden. **Pflege:** hoher Nährstoffbedarf; gleichmäßig gießen. **Besonderheiten:** für bunte Beet- und Staudenpflanzungen; intensiv duftend und lockt Bienen und Schmetterlinge an; eine Schnittblume mit wunderschönen Blüten; bezaubernde alte Gartenstaude.

dem normalen Gartenboden. **Pflege:** mittlerer bis hoher Nährstoffbedarf; gleichmäßig gießen; leicht und schnell zu pflegen; für kleine Gärten

Vergissmeinnicht *Myosotis sylvatica* zeigt von März bis Juni blaue bis hellblaue Blüten. **Standort:** sonnig bis halbschattig in durchlässiger bis humoser Erde, gedeiht in jedem normalen Gartenboden. **Pflege:** niedriger Nährstoffbedarf; gleichmäßig gießen; pflegeleicht

Extra-Tipp

Die Pfingstrose braucht in jedem Fall viel Sonne, um zu blühen. Sehr alte Exemplare sollten Sie im Herbst teilen und umsetzen, damit sie nicht absterben. Auch andere Stauden vertragen eine solche „Verjüngungskur". Überzählige Pflanzen können Sie an Nachbarn und Freunde abgeben oder gegen andere Stauden eintauschen.

Mauerblümchen mit Charme

Blaukissen

Aubrieta x cultorum

Blüte: Farbvariationen in Blau, Karminrot, Purpur, Rosa, Violett und Weiß von April bis Mai. **Wuchs:** 0,08 bis 0,12 m hoch; 0,5 bis 1,5 m breit; flach polsterbildend. **Standort:** sonnig in durchlässiger Erde; gedeiht in jedem normalen Gartenboden. **Pflege:** mittlerer bis hoher Nährstoffbedarf; wenig gießen; nach der Blüte zurückschneiden – fördert Wuchs und Blühfreudigkeit. **Besonderheiten:** leicht und schnell zu pflegen; für kleine Gärten, schön in Mauerfugen; Blüte hält lange, lockt Schmetterlinge an.

Moos-Steinbrech

Saxifraga x arendsii

Blüte: rosa bis rosaweiß von April bis Mai. **Wuchs:** 0,05 bis 0,15 m hoch; 0,2 bis 0,3 m breit; flach polsterbildend. **Standort:** sonnig bis halbschattig in durchlässiger bis sandig-humoser Erde; gedeiht in jedem normalen Gartenboden. **Pflege:** mittlerer Nährstoffbedarf; gleichmäßig gießen; im Herbst abgestorbene Blattrosetten vorsichtig herausschneiden. **Besonderheiten:** leicht und schnell zu pflegen; für kleine Gärten zu empfehlen, eignet sich für Gehölzränder; schön kompakt wachsend.

Steingartenpracht von Mai bis August

Grasnelke *Armeria maritima* blüht rosa von Mai bis Juni. **Standort:** sonnig in durchlässiger Erde, gedeiht in jedem normalen Gartenboden. **Pflege:** mittlerer Nährstoffbedarf; gleichmäßig gießen; leicht und schnell zu pflegen; für kleine Gärten, auch für Steingärten, Mauerfugen und Trockenmauern

Breitblättrige Grasnelke *Armeria pseudarmeria* hat von Juni bis August violettrosa Blüten. **Standort:** sonnig in durchlässiger Erde, gedeiht in jedem normalen Gartenboden. **Pflege:** mittlerer Nährstoffbedarf; gleichmäßig gießen; leicht und schnell zu pflegen; für kleine Gärten

Stängellose Silberdistel, Eberwurz *Carlina acaulis* blüht silbrig von Juli bis August. **Standort:** sonnig in durchlässiger bis sandig-kiesiger Erde, gedeiht in jedem normalen Gartenboden. **Pflege:** sehr niedriger Nährstoffbedarf; wenig gießen; leicht und schnell zu pflegen; für kleine Gärten

Scharfe Fetthenne

Sedum acre

Blüte: leuchtend gelb von Juni bis Juli. **Wuchs:** 0,03 bis 0,05 m hoch; 0,4 bis 0,6 m breit; polsterbildend, kriechend, schnell wachsend. **Standort:** vollsonnig in durchlässiger Erde; gedeiht in jedem normalen Gartenboden. **Pflege:** sehr niedriger Nährstoffbedarf; wenig bis nicht gießen. **Besonderheiten:** pflegeleicht, schön kompakt wachsend; ideal für Beeteinfassungen, Steingärten, Mauerfugen und Trockenmauern, auch sehr gut als flächendeckende Dachbegrünung geeignet; giftig.

Hauswurz

Sempervivum tectorum

Blüte: purpurrot von Juni bis August. **Wuchs:** 0,1 bis 0,15 m hoch; 0,3 bis 0,5 m breit; kissenförmig, rosettenbildend, kompakt wachsend. **Standort:** sonnig in durchlässiger bis sandig-kiesiger Erde; gedeiht in jedem normalen Gartenboden. **Pflege:** sehr niedriger Nährstoffbedarf; muss nicht gegossen werden. **Besonderheiten:** für Steingärten, Mauerfugen, Trockenmauern und zur Dachbegrünung gut geeignet; eine robuste und langlebige Liebhaberpflanze mit bläulich bis rötlich grünen Blättern.

Immergrüne Schleifenblume *Iberis sempervirens* erfreut von April bis Juni mit weißen Blüten. **Standort:** sonnig in durchlässiger Erde, gedeiht in jedem normalen Gartenboden. **Pflege:** mittlerer Nährstoffbedarf; wenig gießen; leicht und schnell zu pflegen; für kleine Gärten

Teppich-Phlox, Polster-Phlox *Phlox douglasii* blüht hellviolett, purpur, rosa, rot oder weiß von Mai bis Juni. **Standort:** sonnig in durchlässiger Erde, gedeiht in jedem normalen Gartenboden. **Pflege:** am Winterende organisch-mineralischen Dünger geben; regelmäßig gießen; Polster jährlich in Form schneiden; leicht und schnell zu pflegen; für kleine Gärten

Kuhschelle *Pulsatilla vulgaris* blüht von März bis April violett. **Standort:** sonnig in durchlässiger bis sandig-lehmiger Erde, gedeiht in jedem normalen Gartenboden. **Pflege:** sehr niedriger Nährstoffbedarf; gleichmäßig gießen; leicht und schnell zu pflegen; für kleine Gärten; giftig

Schmucke Pflanzen im Schatten

Japanische Herbst-Anemone
Anemone hupehensis

Blüte: rosa von August bis September. **Wuchs:** 0,4 bis 0,8 m hoch; 0,4 bis 0,5 m breit; aufrecht buschig. **Blatt:** dunkelgrün, drei- oder mehrteilig. **Standort:** halbschattig, auch sonnig in durchlässiger bis sandiglehmiger Erde; gedeiht in jedem normalen Gartenboden. **Pflege:** mittlerer Nährstoffbedarf; gleichmäßig gießen. **Besonderheiten:** leicht und schnell zu pflegen; für bunte Beet- und Staudenpflanzungen; lockt Schmetterlinge an; schöne Blüten; guter Herbstblüher; nicht in die Nähe von Gehölzen pflanzen.

Funkie
Hosta-Sorten

Blüte: violett von Juli bis August. **Wuchs:** 0,5 bis 0,8 m hoch; 0,6 bis 1 m breit; rundlich buschig bis überhängend, horstbildend. **Blatt:** blass- bis dunkelgrün, gelb oder weiß gemustert, viele Variationen. **Standort:** halbschattig in sandig-humoser Erde; gedeiht in jedem normalen Gartenboden. **Pflege:** mittlerer bis hoher Nährstoffbedarf; regelmäßig gießen. **Besonderheiten:** pflegeleicht; Blattschmuck-Pflanze für bunte Beet- und Staudenpflanzungen; treibt erst spät aus, vor Schnecken schützen.

WEITERE SCHATTEN LIEBENDE PFLANZEN ...

Prachtspiere, Japanische Astilbe *Astilbe japonica* hat von Juni bis Juli weiße Blüten. **Standort:** halbschattig in durchlässiger Erde, Boden sauer bis schwach sauer. **Pflege:** mittlerer bis hoher Nährstoffbedarf; gleichmäßig gießen; verblühte Pflanzenteile entfernen und den im Spätherbst abgestorbenen Spross zurückschneiden. Es gibt mittelhohe (ca. 50 cm) bis sehr hoch wachsende (100 cm bis 120 cm) Astilben-Arten; eine prächtige Staudenpflanze, die leicht und schnell zu pflegen ist

Dreiblättrige Golderdbeere *Waldsteinia ternata* blüht leuchtend gelb von April bis Mai; Bodendecker. **Standort:** halbschattig bis schattig in durchlässiger bis humoser Erde, gedeiht in jedem normalen Gartenboden. **Pflege:** mittlerer Nährstoffbedarf; gleichmäßig gießen

Heimischer Straußfarn

Matteuccia struthiopteris

Fast alle Farne eignen sich für Halbschatten und Schatten. **Wuchs:** 1 bis 1,5 m hoch; 0,8 bis 1,2 m breit; straff aufrecht, stark Ausläufer bildend. **Blatt:** olivgrün, lanzettförmige, 2fach gefiederte Wedel (bis 1,2 m lang). **Standort:** halbschattig bis schattig in humoser bis sandig-humoser Erde; Boden sauer bis schwach sauer. **Pflege:** niedriger Nährstoffbedarf; regelmäßig bis viel gießen. **Besonderheiten:** für Gehölzränder und Schattengärten, in Teichnähe; breitet sich gerne aus – in versenkten Kübel pflanzen.

Kleinblättriges Immergrün

Vinca minor

Blüte: violettblau von April bis Mai, Nachblüte im September. **Wuchs:** 0,1 bis 0,3 m hoch; über 0,5 m breit; kriechend bis mattenbildend. **Blatt:** glänzend dunkelgrün; immergrün. **Standort:** sonnig bis schattig in durchlässiger Erde; gedeiht in jedem normalen Gartenboden. **Pflege:** hoher Nährstoffbedarf; gleichmäßig gießen. **Besonderheiten:** für kleine Gärten zu empfehlen; leicht und schnell zu pflegender Bodendecker, der sich auch für Beeteinfassungen und zur Kübel- und Topfkultur eignet.

Schattenpflanzung am Haus

In schattigeren Bereichen lässt es sich wunderbar mit schönen Blatt- und Wuchsformen spielen, wie hier im Bild mit Buchsbaum-Hochstämmchen, rankendem Hopfen, Funkien und einer Eibenhecke. Wichtig: Lockern Sie das Ganze mit weiß oder gelb blühenden Pflanzen auf. Hier zum Beispiel Hortensien, Geißbart, Prachtspieren und Rhododendren. Geeignet sind aber auch Frauenmantel, Silberkerze und Christrose.

Anmutige Kletterpflanzen

Clematis, Waldrebe

Clematis-Hybriden

Blüte: blau, rosa, rot, violett, weiß; gestreift; einfach oder gefüllt von Juni bis September. **Wuchs:** 2 bis 5 m hoch; benötigt eine Kletterhilfe. **Standort:** geschützt, sonnig bis halbschattig in sandig-humoser bis sandig-lehmiger Erde; gedeiht in jedem normalen Gartenboden. **Pflege:** mittlerer bis hoher Nährstoffbedarf; verträgt keine Trockenheit; kein Rückschnitt: frühjahrsblühende Wildarten und deren Sorten; leichter Rückschnitt nach der ersten Blüte: die meisten zweimal blühenden Hybriden; kräftiger Rückschnitt im Frühjahr: alle Sommerblühenden.

Gewöhnlicher Efeu

Hedera helix

Blüte: grüngelb von September bis Oktober. **Wuchs:** 0,2 bis 20 m hoch; unbegrenzt breit; flach wachsend bis kletternd (Haftwurzeln), wächst schnell. **Blatt:** glänzend dunkelgrün, immergrün, sehr variabel. **Standort:** lichtschattig bis schattig; gedeiht in jedem normalen Gartenboden. **Pflege:** mittlerer Nährstoffbedarf; Staunässe vermeiden; Korrekturschnitt bei Bedarf. **Besonderheiten:** leicht und schnell zu pflegen; auffällige Blüten und Früchte; es gibt unzählige Sorten; für Wand- und Bodenbegrünung, aber ungeeignet für rissige Mauern; giftig, einheimische Art.

Auch sie wollen hoch hinaus …

Pfeifenwinde *Aristolochia macrophylla* blüht unscheinbar grünlich braun von Juni bis Juli. **Standort:** halbschattig bis schattig in durchlässiger Erde. **Pflege:** mittlerer bis hoher Nährstoffbedarf; mittlerer Wasserbedarf; Triebe nach der Blüte in Form schneiden oder im Frühjahr Seitentriebe auf ungefähr drei Knospen kürzen

Trompetenblume *Campsis radicans* blüht von Juli bis September orangegelb bis gelb. **Standort:** sonnig bis warm, geschützter Standort in durchlässiger bis sandig-lehmiger Erde. **Pflege:** mittlerer bis hoher Nährstoffbedarf; gleichmäßig gießen; im Frühjahr die Seitentriebe jeweils auf drei bis vier Knospen einkürzen; pflegeleicht

Echtes Geißblatt

Lonicera caprifolium

Blüte: weiß bis cremegelb von April bis Mai. **Wuchs:** 3 bis 6 m hoch; stark wachsend, rechtswindend, in Bäume wachsend. **Blatt:** dunkelgrün. **Standort:** sonnig bis halbschattig in durchlässiger, humoser Erde; Boden neutral bis alkalisch, kalkliebend. **Pflege:** mittlerer bis hoher Nährstoffbedarf; mittlerer Wasserbedarf; alle 4 bis 5 Jahre im zeitigen Frühjahr auslichten oder auf ca. 40 cm zurückschneiden. **Besonderheiten:** leicht und schnell zu pflegen; einheimisches Blüten- und Ziergehölz; am Abend stark duftend; frosthart.

Blauregen, Glyzine

Wisteria sinensis

Blüte: blauviolette Blütentrauben, noch vor den Blättern im Mai/Juni. **Wuchs:** 8 bis 10 m hoch; stark wachsend, linkswindend. **Standort:** geschützt, sonnig bis halbschattig in durchlässiger Erde; gedeiht in jedem normalen Gartenboden. **Pflege:** hoher Nährstoffbedarf; hoher Wasserbedarf; Langtriebe im Spätsommer auf 20 cm zurückschneiden, Nachschnitt im März des Folgejahres. **Besonderheiten:** für kräftige Pergolen, Spaliere, Gartenmauern und als Fassadenbegrünung – erdrückt Regenrohre und Dachrinnen! Duftpflanze; giftig.

Knöterich *Fallopia aubertii* hat von Juli bis Oktober weiße Blüten. **Standort:** sonnig bis halbschattig in durchlässiger bis sandig-lehmiger Erde. **Pflege:** niedriger bis mittlerer Nährstoffbedarf; mittlerer Wasserbedarf; breitet sich rasch aus, daher nicht in die Nähe von Sträuchern oder Bäumen pflanzen

Winter-Jasmin *Jasminum nudiflorum* blüht leuchtend gelb von Dezember bis April. **Standort:** sonnig bis halbschattig in durchlässiger Erde, anpassungsfähig. **Pflege:** mittlerer bis hoher Nährstoffbedarf; mittlerer Wasserbedarf; Frühjahrsrückschnitt empfohlen; pflegeleicht; für kleine Gärten

Mediterrane Kübelpflanzen

Bougainvillee
Bougainvillea glabra

Blüte: weiß, magentarot, purpurviolett oder gelb von Juli bis September. **Wuchs:** 1,5 bis 3 m hoch; 1,5 bis 2 m breit; klimmend. **Standort:** sonnig in durchlässiger bis sandig-humoser Erde oder Kübelpflanzenerde. **Pflege:** hoher Nährstoffbedarf; regelmäßig, während der Blütezeit viel gießen; vor der Überwinterung: lange Triebe zurückschneiden, um Bildung kurzer Seitentriebe zu fördern, die später reichlich blühen; bei 3 bis 10 °C an hellem Standort überwintern, trocken halten. **Besonderheiten:** mediterrane Ausstrahlung.

Engelstrompete
Brugmansia suaveolens

Blüte: weiß, gelb oder rosa von Juni bis September. **Wuchs:** 1,5 bis 4 m hoch; 1 bis 2,5 m breit; aufrecht strauchförmig. **Standort:** sonnig in durchlässiger Erde oder Kübelpflanzenerde. **Pflege:** hoher Nährstoffbedarf; häufig gießen; vor der Überwinterung die Krone auf die Hälfte bis zwei Drittel zurückschneiden, bei starkem Rückschnitt verspätet sich die Blüte im Folgejahr; bei mindestens 5 bis 7 °C an einem hellen Standort überwintern. **Besonderheiten:** wunderschöne Blüten, eindrucksvoller Wuchs; Duftpflanze; giftig.

Weitere schöne Kübelpflanzen …

Schönmalve *Abutilon* x *hybridum* blüht gelb, orange, rosa, rot oder weiß von Mai bis September; becherförmig. **Standort:** sonnig in durchlässiger bis sandig-lehmiger Erde oder Kübelpflanzenerde. **Pflege:** mittlerer bis hoher Nährstoffbedarf; regelmäßig gießen; regelmäßig ausputzen; bei 10 °C an hellem Standort überwintern; pflegeleicht; auch für kleine Gärten

Schönmalve *Abutilon pictum* hat von Mai bis September gelbe bis orangerote Blüten. **Standort:** sonnig in durchlässiger bis sandig-lehmiger Erde oder käuflicher Kübelpflanzenerde. **Pflege:** mittlerer bis hoher Nährstoffbedarf; regelmäßig gießen; pflegeleicht; auch für kleine Gärten

Amerikanische Agave *Agava americana* blüht gelb von Juli bis August. **Standort:** sonnig in durchlässiger bis sandig-kiesiger Erde oder spezieller Kübelpflanzenerde. **Pflege:** niedriger Nährstoffbedarf; wenig gießen; leicht und schnell zu pflegen; auch für kleine Gärten

Zitronenbäumchen

Citrus limon

Blüte: weiß, fast das ganze Jahr über; Früchte und Blüten teilweise gleichzeitig. **Wuchs:** 2 bis 7 m hoch; 1,5 bis 4 m breit; breit strauchförmig. **Standort:** warm, sonnig bis halbschattig in durchlässiger bis sandig-lehmiger Erde oder käuflicher Zitruspflanzenerde. **Pflege:** mittlerer bis hoher Nährstoffbedarf; regelmäßig mit enthärtetem Wasser gießen; bei mindestens 5 bis 7 °C an einem hellen Standort überwintern, trocken halten; im Frühjahr in Form schneiden. **Besonderheiten:** schön im Wintergarten.

Oleander

Nerium oleander

Blüte: weiß bis scharlachrot, rosa, blassgelb von Juli bis September; einfach, halb gefüllt und gefüllt blühende Sorten. **Wuchs:** 2 bis 6 m hoch; 1 bis 3 m breit; locker aufrecht bis ausladend. **Standort:** sonnig in fruchtbarer bis durchlässiger Erde oder in Kübelpflanzenerde aus dem Fachhandel. **Pflege:** mittlerer bis hoher Nährstoffbedarf; gleichmäßig bis viel gießen; alte Blütenstände nicht entfernen, da hier im nächsten Jahr neue Knospen austreiben; bei 5 bis 10 °C an einem hellen, gut gelüfteten Standort überwintern, giftig.

Passionsblume *Passiflora caerulea* blüht von Juni bis September weiß bis purpurrosa. **Standort:** sonnig in sandig-humoser bis sandig-lehmiger Erde oder käuflicher Kübelpflanzenerde. **Pflege:** mittlerer bis hoher Nährstoffbedarf; gleichmäßig gießen; lange, aus der Form geratene Ruten im zeitigen Frühjahr in Form schneiden; bei 8 bis 10 °C an einem hellen Standort überwintern; leicht und schnell zu pflegen; robuste, blühfreudige Kübelpflanze; auch für kleine Gärten

Enzianstrauch, Enzianblume *Solanum rantonnetii* hat von Juni bis September violettblaue bis violette Blüten. **Standort:** hell, aber keine pralle Sonne, in durchlässiger bis humoser Erde oder Kübelpflanzenerde aus dem Fachhandel. **Pflege:** mittlerer bis hoher Nährstoffbedarf; regelmäßig bis häufig gießen; quer wachsende Triebe im zeitigen Frühjahr in Form schneiden; bei mindestens 5 bis 7 °C an einem hellen Standort überwintern; leicht und schnell zu pflegen; giftig; auch für kleine Gärten

Rosen- und Hortensien-Träume

Ball-Hortensie *Hydrangea macrophylla*

Blüte: sortenabhängig in Blau, Rot, Rosa oder Weiß von August bis September. **Wuchs:** 0,6 bis 1,5 m hoch; 1 bis 2 m breit; dicht buschig, breit kugelig oder trichterförmig. **Standort:** sonnig bis halbschattig in sandiglehmiger bis lehmiger Erde; Boden humos, sauer bis neutral – Rhododendronerde verwenden. **Pflege:** mittlerer bis hoher Nährstoffbedarf; regelmäßig gießen; vorjährige Blütenstände im zeitigen Frühjahr zurückschneiden. **Besonderheiten:** für Einzelpflanzung, in Hecken, am Gehölzrand und für die Kübel- und Topfkultur geeignet.

Beetrosen, hier Sorte 'Lovely Meidiland'

Blüte: sehr viele Sorten in fast allen Farben, einfache oder halb und ganz gefüllte Blüten in Büscheln, duftende und nicht duftende Sorten. **Wuchs:** bis 1,2 m hoch, buschig aufrecht. **Standort:** sonnig, aber nicht zu heiß, luftig, aber nicht zugig in durchlässiger, humoser, lehmiger Erde; tiefgründiger Boden. **Pflege:** hoher Nährstoffbedarf; mittlerer Wasserbedarf; Überwinterung durch Anhäufeln von etwa 15 cm Erde, mit Tannenzweigen abdecken; im Frühjahr auf 15 bis 20 cm zurückschneiden. **Besonderheiten:** auf blattgesunde (resistente) Sorten achten.

Noch mehr Hortensien und Rosen

Rispen-Hortensie *Hydrangea paniculata* blüht cremeweiß bis rosaweiß von Juli bis September. **Standort:** sonnig bis halbschattig, geschützt in durchlässiger bis humoser Erde, Boden sauer bis neutral. **Pflege:** mittlerer bis hoher Nährstoffbedarf; gleichmäßig gießen; ältere Äste im Frühjahr um zwei Drittel kürzen; leicht und schnell zu pflegen; für kleine Gärten

Kletter-Hortensie *Hydrangea petiolaris* blüht von Juni bis Juli weiß. **Standort:** sonnig bis schattig in durchlässiger bis humoser Erde, Boden sauer bis neutral. **Pflege:** mittlerer Nährstoffbedarf; gleichmäßig gießen; Schnitt meist nicht erforderlich; leicht und schnell zu pflegen; aparte Kletterpflanze für Hauswände und Pergolen

Samt-Hortensie *Hydrangea sargentiana* erfreut von Juli bis September mit weißen bis hellvioletten Blüten. **Standort:** halbschattig in humoser bis sandig-humoser Erde, Boden sauer bis schwach sauer. **Pflege:** mittlerer bis hoher

Strauchrosen, hier Sorte 'Westerland'

Blüte: sortenabhängig sehr viele Farben, einmal oder öfter blühend, mit einfachen oder gefüllten Blüten, duftend und nicht duftend. **Wuchs:** bis zu 2 m hoch. **Standort:** sonnig, aber nicht zu heiß, luftig, aber nicht zugig, in durchlässiger, humoser lehmiger Erde, tiefgründig, locker. **Pflege:** mittlerer Wasserbedarf; hoher Nährstoffbedarf; Überwinterung mit Schutz aus Jute, Laub oder Tannenreisig; im Frühjahr auslichten. **Besonderheiten:** als Solitärpflanzen in Vorgärten, in Hecken und als schöner Sichtschutz geeignet; im Spätsommer und Herbst Hagebuttenbildung.

Kletterrosen, hier Sorte 'Lawinia'

Blüte: sehr viele Farben, einmal oder öfter blühend, einfache oder gefüllte Blüten, duftende und nicht duftende Sorten. **Wuchs:** Climber mit steifem, aufrechtem Wuchs bis zu 3 m hoch; weichtriebige Rambler bis zu 6 m hoch. **Standort:** sonnig, aber nicht zu heiß, luftig, aber nicht zugig, in durchlässiger, humoser bis lehmiger Erde, tiefgründig. **Pflege:** hoher Nährstoffbedarf; mittlerer Wasserbedarf; Überwinterungsschutz aus Jute, Laub oder Tannenreisig um Pflanzen wickeln. Ab und zu im Frühjahr auslichten, verbleibende Triebe an Spalier oder Rankhilfe binden.

Nährstoffbedarf; gleichmäßig gießen; verwelkte Blüten abknipsen; für kleine Gärten

Hunds-Rose, Wildrose *Rosa canina* blüht von Mai bis Juni rosa, innen heller und besitzt schöne weißgelbe Staubgefäße; einmal blühend; einfach. **Standort:** in sandig-humoser bis lehmig-humoser Erde, gedeiht in jedem normalen Gartenboden. **Pflege:** mittlerer bis hoher Nährstoffbedarf; mittlerer Wasserbedarf; bildet scharlachrote Hagebutten

Apfelrose, Kartoffelrose *Rosa rugosa* blüht karminrot bis rosa von Juni bis September; ungefüllt. **Standort:** sonnig bis halbschattig in sandig-lehmiger bis lehmiger Erde, gedeiht in jedem normalen Gartenboden. **Pflege:** mittlerer Nährstoff- und Wasserbedarf; nach der Blüte den Haupttrieb um ein Drittel, Seitentriebe um ungefähr zwei Drittel kürzen; leicht und schnell zu pflegen, robust und widerstandsfähig; sehr hübsch als Bepflanzung auf Mauern aus Naturstein (Lesesteine, Sandstein oder Schiefer)

Pflanzen – malerisch gewachsen

Hohes Pampasgras

Cortaderia selloana

Blüte: silbrig weiß von September bis Oktober. **Wuchs:** 2 bis 2,5 m hoch; straff aufrecht, horstbildend. **Blatt:** bläulich bis mittelgrün, bandförmig. **Standort:** sonnig in durchlässiger bis sandig-lehmiger Erde; gedeiht in jedem normalen Gartenboden. **Pflege:** hoher Nährstoffbedarf; gleichmäßig gießen; Winterschutz: Halme oben zu einem Zelt zusammenbinden und mit Noppenfolie ummanteln. **Besonderheiten:** pflegeleicht; sehr schön als Einzelpflanzung

Hänge-Buche

Fagus sylvatica 'Pendula'

Blüte: gelbgrün von April bis Mai. **Wuchs:** 10 bis 20 m hoch; 10 bis 20 m breit; breitkronig und breit überhängend. **Blatt:** mittel- bis dunkelgrün, schöne gelborange bis rotbraune Herbstfärbung. **Standort:** sonnig bis halbschattig in sandig-lehmiger bis lehmiger Erde; gedeiht in jedem normalen Gartenboden. **Pflege:** mittlerer bis hoher Nährstoffbedarf; mittlerer Wasserbedarf. **Besonderheiten:** leicht und schnell zu pflegen; Schnitthecke, Solitärpflanze; nicht für kleine Gärten.

Weitere Laubgehölze mit Format

Zwerg-Birke *Betula nana* hat unscheinbare Kätzchen im April. **Standort:** sonnig in durchlässiger bis sandig-lehmiger Erde, gedeiht in jedem normalen Gartenboden. **Pflege:** mittlerer Nährstoff- und Wasserbedarf

Sand-Birke *Betula pendula* zeigt vor dem Laubaustrieb von April bis Mai gelbe Kätzchen. **Standort:** sonnig in durchlässiger bis sandig-lehmiger Erde, anpassungsfähig. **Pflege:** mittlerer Nährstoff- und Wasserbedarf; quer wachsende oder unerwünschte Äste im Spätwinter herausschneiden; leicht und schnell zu pflegen; für kleine Gärten

Korkenzieher-Hasel *Corylus avellana* 'Contorta' hat vor dem Laubaustrieb von März bis April gelbe Kätzchen. **Standort:** sonnig bis halbschattig, anpassungsfähig, gedeiht in jedem normalen Gartenboden. **Pflege:** mittlerer Nährstoffbedarf; niedriger Wasserbedarf; leicht und schnell zu pflegen; für kleine Gärten

Korkenzieher-Weide

Salix matsudana 'Tortuosa'

Blüte: mattgraue, grauweiße Kätzchen von April bis Mai. **Wuchs:** 4 bis 8 m hoch; 3 bis 5 m breit; kleiner Baum oder großer Strauch, schöne korkenzieherartig gedrehte Äste. **Blatt:** mattgrün, unterseits bläulich bis weißlich, verdreht. **Standort:** sonnig in durchlässiger Erde, anpassungsfähig. **Pflege:** mittlerer Nährstoffbedarf; gleichmäßig gießen. **Besonderheiten:** wunderschöner Wuchs und interessant gedrehte Zweige, wirkt gut im Einzelstand.

Trauer-Weide

Salix alba 'Tristis'

Blüte: gelb von April bis Mai. **Wuchs:** 15 bis 20 m hoch; 10 bis 15 m breit; locker rundlich, Äste malerisch, schleppenartig herabhängend. **Blatt:** grau- bis dunkelgrün. **Standort:** sonnig bis lichtschattig in sandig-lehmiger bis lehmiger Erde; gedeiht in jedem normalen Gartenboden. **Pflege:** mittlerer Nährstoffbedarf; gleichmäßig gießen; verträgt radikalen Rückschnitt. **Besonderheiten:** leicht und schnell zu pflegen; heimisch; für den Einzelstand.

Säulen-Zier-Kirsche *Prunus serrulata* blüht hellrosa von April bis Mai; gefüllt. **Standort:** sonnig in durchlässiger bis sandig-lehmiger Erde, Boden neutral bis stark alkalisch. **Pflege:** hoher Nährstoffbedarf; mittlerer Wasserbedarf

Frühlings-Tamariske *Tamarix parviflora* blüht hellrosa in kleinen Rispen von Mai bis Juni. **Standort:** sonnig in durchlässiger Erde, normaler Gartenboden. **Pflege:** niedriger bis mittlerer Nährstoffbedarf; niedriger Wasserbedarf

Extra-Tipp

An feuchten, eher lehmigen Standorten können Sie gut Trauer-Weiden, Korkenzieher-Weiden und Birken setzen. Auf trockenen, sonnigen Plätzen stehen gerne Tamariske und Pampasgras. Eingewachsene Gehölze müssen in der Regel nicht gegossen werden, nur wenn es zu wenig regnen sollte.

Sträucher, die im Frühjahr blühen

Kupfer-Felsenbirne

Amelanchier lamarckii

Blüte: weiß von April bis Mai. **Wuchs:** 4 bis 6 m hoch; 4 bis 6 m breit; trichterförmig, leicht überhängend, ausladender Großstrauch oder kleinwüchsiger Baum, mittelstark wachsend. **Standort:** sonnig bis halbschattig in durchlässiger bis sandig-lehmiger Erde. **Pflege:** mittlerer Nährstoff- und Wasserbedarf. **Besonderheiten:** leicht und schnell zu pflegen; schön in kleinen Gärten und Vorgärten; als Solitär, für Blütenstrauch-Hecken; schöne Herbstfärbung; frosthart, wind- und stadtklimafest; beliebtes Vogelgehölz.

Forsythie

Forsythia-Hybriden

Blüte: hell- bis goldgelb von März bis April. **Wuchs:** 1,5 bis 4 m hoch; 1,2 bis 2 m breit; schlank aufrecht, buschig kompakt oder breit ausladend. **Standort:** sonnig bis halbschattig in sandig-lehmiger bis durchlässiger Erde; gedeiht in jedem normalen Gartenboden. **Pflege:** mittlerer Nährstoffbedarf; mittlerer Wasserbedarf; Schnitt unmittelbar nach der Blüte, abgeblühte Triebe auf kräftige Knospen kürzen. **Besonderheiten:** leicht und schnell zu pflegen; für kleine Gärten und für frei wachsende Hecken zu empfehlen.

Weitere frühjahrsblühende Sträucher ...

Zierquitte *Chaenomeles*-Hybride blüht rot, orangerot, rot oder weiß von April bis Mai. **Standort:** sonnig in durchlässiger bis humoser Erde, in jedem normalen Gartenboden. **Pflege:** hoher Nährstoffbedarf; mittlerer Wasserbedarf; leicht und schnell zu pflegen; für kleine Gärten

Kerrie, Ranunkelstrauch *Kerria japonica* hat von April bis Mai goldgelbe Blüten. **Standort:** sonnig bis schattig in durchlässiger bis sandig-lehmiger Erde, anpassungsfähig. **Pflege:** mittlerer Nährstoff- und Wasserbedarf; abgeblühte Triebe ganz herausnehmen; leicht und schnell zu pflegen; breitet sich leicht durch Ausläufer im Garten aus

Edel-Goldregen *Laburnum* x *watereri* blüht goldgelb von Mai bis Juni. **Standort:** sonnig bis halbschattig in sandig-lehmiger bis durchlässiger Erde, gedeiht in jedem normalen Gartenbo-

Magnolie

Magnolia x soulangiana

Blüte: rosa bis rosaweiß von April bis Mai. **Wuchs:** 4 bis 8 m hoch; 4 bis 8 m breit; trichterförmig bis rundlich. **Blatt:** dunkelgrün. **Standort:** sonnig bis leicht halbschattig in durchlässiger bis humoser Erde; Boden nährstoffreich, sauer bis neutral. **Pflege:** mittlerer bis hoher Nährstoffbedarf; mittlerer Wasserbedarf; schnittunverträglich (vermeiden), Pflanzung im Frühjahr. **Besonderheiten:** Großstrauch oder kleiner Baum in Einzelstellung; hat wunderschöne Blüten.

Gewöhnlicher Flieder

Syringa vulgaris

Blüte: lilarosa von April bis Mai. **Wuchs:** 4 bis 6 m hoch; 3,5 bis 5 m breit; aufrecht strauchförmig, ausläuferbildend. **Standort:** sonnig bis halbschattig in durchlässiger bis sandig-kiesiger Erde; gedeiht in jedem normalen Gartenboden. **Pflege:** hoher Nährstoffbedarf; mittlerer Wasserbedarf; schiefe oder quer wachsende Äste im Spätwinter herausschneiden. **Besonderheiten:** leicht und schnell zu pflegen; kann sich leicht im ganzen Garten ausbreiten; Duftpflanze.

den. **Pflege:** mittlerer bis hoher Nährstoffbedarf; mittlerer Wasserbedarf; pflegeleicht; giftig; für kleine Gärten

Blut-Johannisbeere *Ribes sanguineum* erfreut von April bis Mai mit roten Blüten. **Standort:** sonnig in durchlässiger bis sandig-lehmiger Erde. **Pflege:** mittlerer Nährstoff- und Wasserbedarf; nach Blüte um ein Drittel zurückschneiden, ältere Sträucher auch auslichten; pflegeleicht

Schneeball, Wasser-Schneeball *Viburnum opulus* blüht rahmweiß von Mai bis Juni. **Standort:** sonnig bis halbschattig in tiefgründiger bis lehmiger Erde, gedeiht in jedem normalen Gartenboden. **Pflege:** hoher Nährstoff- und Wasserbedarf, leidet unter sommerlicher Hitze und Trockenheit; Schnitt: nur abgeblühte Triebspitzen wegschneiden; pflegeleicht; für kleine Gärten geeignet, kann aber Ausläufer bilden; giftig

Sträucher, die im Sommer blühen

Wechselblättriger Sommerflieder

Buddleja alternifolia

Blüte: hellviolett von Juni bis Juli. **Wuchs:** 2 bis 3 m hoch; 2 bis 4 m breit; breit ausladend bis überhängend, schnell wachsend. **Blatt:** dunkelgrün, unterseits silbrig grau. **Standort:** sonnig in durchlässiger Erde. **Pflege:** geringer Nährstoffbedarf; mäßiger Wasserbedarf; regelmäßiges Auslichten der alten Blütenäste im Turnus von 4 bis 5 Jahren. **Besonderheiten:** leicht und schnell zu pflegen; ideal für kleine Gärten und Vorgärten, kompakt wachsende Duftpflanze; unempfindlich gegen Trockenheit.

Schmetterlingsstrauch

Buddleja-Davidii-Hybriden

Blüte: je nach Sorte weiß, blau, violett, rot, rosa oder weiß von Juli bis September. **Wuchs:** 3 bis 4 m hoch und breit; trichterförmig aufrecht. **Standort:** sonnig in durchlässiger Erde; gedeiht in jedem normalen Gartenboden. **Pflege:** geringer Nährstoffbedarf; mäßiger Wasserbedarf; Triebe im Frühjahr auf einige Knospen zurückschneiden; abgestorbene Triebe im Frühjahr ganz herausschneiden. **Besonderheiten:** pflegeleicht; für kleine Gärten geeignet; unempfindlich gegen Trockenheit; attraktive Bienenweide.

Blütenstark ab Mai sind …

Echter Rotdorn *Crataegus laevigata* 'Paul's Scarlet' blüht rot von Mai bis Juni; gefüllt. **Standort:** sonnig in durchlässiger bis sandig-lehmiger Erde, gedeiht in jedem normalen Gartenboden. **Pflege:** hoher Nährstoffbedarf; mittlerer Wasserbedarf; pflegeleicht, für Vorgärten und Blütenstrauchhecken

Eingriffliger Weißdorn *Crataegus monogyna* blüht von Mai bis Juni weiß. **Standort:** sonnig bis halbschattig in durchlässiger Erde. **Pflege:** mittlerer Nährstoff- und Wasserbedarf

Zierliche Deutzie, Maiblumenstrauch *Deutzia gracilis* hat von Mai bis Juni reinweiße Blüten. **Standort:** sonnig bis halbschattig in sandig-lehmiger bis durchlässiger Erde, anpassungsfähig. **Pflege:** hoher Nährstoffbedarf; mittlerer Wasserbedarf; Rückschnitt im Frühjahr fördert Buschigkeit; pflegeleicht

Schnee-Spiere

Spiraea x arguta

Blüte: weiß von April bis Mai. **Wuchs:** 1,5 bis 2 m hoch; 1,5 bis 2 m breit; breit aufrecht, dicht buschig, überneigend. **Blatt:** hellgrün. **Standort:** sonnig in durchlässiger bis sandig-lehmiger Erde; gedeiht in jedem normalen Gartenboden. **Pflege:** mittlerer Nährstoff- und Wasserbedarf; Auslichtungsschnitt nach der Blüte. **Besonderheiten:** leicht und schnell zu pflegen; auch für kleine Gärten, da schön kompakt wachsend, für frei wachsende Hecken oder als kleiner Strauch; Bienenweide.

Weigelie

Weigela

Blüte: sortenabhängig in Weißrosa und Rot von Mai bis August. **Wuchs:** sorten- und artenabhängig 1 bis 3 m hoch und bis 3 m breit; buschig, kompakt. **Standort:** sonnig bis halbschattig in durchlässiger bis humoser Erde; gedeiht in jedem normalen Gartenboden. **Pflege:** hoher Nährstoffbedarf; mittlerer Wasserbedarf; gelegentlich ältere Triebe nach der Blüte herausschneiden. **Besonderheiten:** leicht und schnell zu pflegen; auch für kleine Gärten und frei wachsende Blütenhecken; herrliche Blüten, interessante Blätter.

Garten-Jasmin, Pfeifenstrauch *Philadelphus*-Hybride blüht rahmweiß von Mai bis Juni. **Standort:** sonnig bis halbschattig in durchlässiger bis sandig-lehmiger Erde. **Pflege:** mittlerer Nährstoff- und Wasserbedarf; bei älteren Sträuchern nach der Blüte Auslichtungsschnitt

Europäischer Pfeifenstrauch *Philadelphus coronarius* blüht von Mai bis Juni rahmweiß. **Standort:** sonnig bis halbschattig in durchlässiger bis sandig-lehmiger Erde, gedeiht in jedem normalen Gartenboden. **Pflege:** mittlerer Nährstoff- und Wasserbedarf; pflegeleicht

Fünffingerstrauch *Potentilla fruticosa* blüht gelb, rot, rosa oder weiß von Juni bis Oktober. **Standort:** sonnig bis halbschattig in durchlässiger Erde. **Pflege:** mittlerer Wasserbedarf; im Frühjahr ist starker Rückschnitt möglich; pflegeleicht; für kleine Gärten und sonnige Beete

Gehölze mit hübscher Färbung

Grüner Schlitz-Ahorn

Acer palmatum 'Dissectum'

Blüte: purpurrot von Mai bis Juni. **Wuchs:** bis 2 m hoch; 2 bis 3 m breit; aufrecht strauch- bis halbkugelförmig, langsam wachsend. **Blatt:** hellgrün, fein geschlitzt. **Standort:** sonnig bis halbschattig in sandig-humoser bis sandig-lehmiger Erde; gedeiht in jedem normalen Gartenboden. **Pflege:** mittlerer Nährstoffbedarf; mittlerer Wasserbedarf; schnittunverträglich. **Besonderheiten:** pflegeleicht; für kleine Gärten, Vorgärten und Japangärten; wird als großer Strauch oder als kleiner Baum angeboten; schöne Herbstfärbung.

Weißer Hartriegel

Cornus alba

Blüte: gelblich weiß von Mai bis Juni. **Wuchs:** 3 bis 4 m hoch; 3 bis 4 m breit; breit aufrecht bis bogig niederliegend. **Blatt:** dunkelgrün. **Standort:** sonnig bis halbschattig in durchlässiger bis sandig-lehmiger Erde, anpassungsfähig. **Pflege:** mittlerer Nährstoff- und Wasserbedarf; schiefe oder quer wachsende Äste im Spätwinter herausschneiden. **Besonderheiten:** leicht und schnell zu pflegen; auch für kleine Gärten und Hecken; schöne Herbstfärbung und auffallende Früchte und Rinde; giftig.

Weitere hübsche Gehölze ...

Blut-Hasel *Corylus maxima* 'Purpurea' besitzt von März bis April gelbe männliche Blütenkätzchen. **Standort:** sonnig bis halbschattig, anpassungsfähig. **Pflege:** mittlerer Nährstoff- und Wasserbedarf; gegebenenfalls im Spätwinter auslichten; attraktive dunkelrote Blätter

Hänge-Blutbuche *Fagus sylvatica* 'Purpurea Pendula' steht gerne an einem sonnigen bis halbschattigen Standort in sandig-lehmiger bis lehmiger Erde. **Pflege:** mittlerer Nährstoff- und Wasserbedarf; rotviolette Blätter

Blut-Pflaume *Prunus cerasifera* 'Nigra' blüht weiß von März bis April. **Standort:** sonnig bis halbschattig in durchlässiger bis sandig-lehmiger Erde. **Pflege:** hoher Nährstoffbedarf; mittlerer Wasserbedarf; schiefe, quer wachsende und unerwünschte Äste im Spätwinter herausschneiden; tief violette, rundliche Blättchen

Europäisches Pfaffenhütchen

Euonymus europaeus

Blüte: unscheinbar von Juni bis Juli. **Wuchs:** 2 bis 6 m hoch; 1,5 bis 4 m breit; aufrechter Strauch oder kleiner Baum. **Blatt:** tief dunkelgrün. **Standort:** sonnig bis halbschattig in sandig-lehmiger bis durchlässiger Erde; gedeiht in jedem normalen Gartenboden. **Pflege:** mittlerer bis hoher Nährstoffbedarf; mittlerer Wasserbedarf; schiefe oder quer wachsende Äste im Spätwinter herausschneiden. **Besonderheiten:** leicht und schnell zu pflegen; für Hecken; einheimisch; beliebtes Vogelgehölz; auffallende Früchte; giftig.

Essigbaum

Rhus typhina

Blüte: gelblich grün von Juni bis Juli. **Wuchs:** bis 6 m hoch; 3 bis 6 m breit; breit aufrecht, Ausläufer treibend. **Blatt:** dunkelgrün. **Standort:** sonnig in sandig-kiesiger bis sandig-lehmiger, durchlässiger Erde; gedeiht in jedem normalen Gartenboden. **Pflege:** niedriger bis hoher Nährstoffbedarf; geringer Wasserbedarf; nicht schneiden, sonst wachsen vermehrt Wurzelausläufer. **Besonderheiten:** leicht und schnell zu pflegen; großer Strauch, wirkt schön im Einzelstand; ungewöhnliche Fruchtstände.

Eberesche, Vogelbeere *Sorbus aucuparia* hat von Mai bis Juni weiße Blüten. **Standort:** sonnig bis halbschattig in durchlässiger Erde; gedeiht in jedem normalen Gartenboden. **Pflege:** mittlerer Nährstoff- und Wasserbedarf; schiefe oder quer wachsende Äste im Spätwinter herausschneiden; hübsche rote bis orangefarbene Früchte

Extra-Tipp

Die Blatt- und Fruchtfärbung ist umso intensiver, je sonniger die Bäume stehen.
Damit sie ihre Wirkung voll entfalten können, sollten Sie ihnen auch ausreichend Platz zum Wachsen zur Verfügung stellen.

Immergrüne Sträucher

Buchsbaum

Buxus sempervirens var. *arborescens*

Blüte: unscheinbar gelb von April bis Mai. **Wuchs:** 2 bis 4 m hoch; 2 bis 4 m breit; dicht buschig, aufrecht. **Blatt:** immergrün. **Standort:** halbschattig in durchlässiger Erde; gedeiht in jedem normalen Gartenboden. **Pflege:** mittlerer Nährstoff- und Wasserbedarf; Schnitt im Frühjahr und im Sommer (an bedecktem Tag). **Besonderheiten:** leicht und schnell zu pflegen; für kleine Gärten, Hecken, Japangarten, Grabbepflanzung, Einfassungen, Töpfe und Kübel geeignet; wächst kompakt, Formschnitt-Pflanze; giftig.

Kirschlorbeer

Prunus laurocerasus

Blüte: weiß von Mai bis Juni. **Wuchs:** 2 bis 4 m hoch; 2 bis 4 m breit; aufrecht bis halbrund strauchförmig. **Blatt:** glänzend dunkelgrün, immergrün. **Standort:** sonnig bis schattig in durchlässiger Erde; gedeiht in jedem normalen Gartenboden. **Pflege:** mittlerer bis hoher Nährstoffbedarf; mittlerer Wasserbedarf; schnittverträglich. **Besonderheiten:** leicht und schnell zu pflegen; für Hecken, Töpfe und Kübel, gut für die Einzelstellung geeignet; giftig.

Das ganze Jahr über grün sind …

Fächer-Zwergmispel *Cotoneaster horizontalis* blüht weißlich rosa von Mai bis Juni. **Standort:** sonnig bis halbschattig in durchlässiger bis sandig-lehmiger Erde, gedeiht in jedem normalen Gartenboden. **Pflege:** mittlerer Nährstoff- und Wasserbedarf; schiefe, quer wachsende oder unerwünschte Äste im Spätwinter herausschneiden; leicht und schnell zu pflegen; Bodendecker; auch für kleine Gärten geeignet; breitet sich aber schnell aus

Immergrüne Kriechspindel, Kriechender Spindelstrauch *Euonymus fortunei* zeigt von Juni bis Juli weiße Blüten. **Standort:** sonnig bis schattig, buntlaubige Sorten sonnig bis halbschattig in humoser bis sandig-lehmiger Erde. **Pflege:** mittlerer Nährstoffbedarf; geringer Wasserbedarf; Schnitt im Frühjahr oder nach der Blüte, auf Wegschneiden abgeblühter Triebspitzen beschränken; optimal für kleine Gärten und als bunter Ranker im Eingangsbereich

Rhododendron

Rhododendron-Hybriden

Blüte: sortenabhängig in vielen Farben von Mai bis Juni. **Wuchs:** 2 bis 3 m hoch; 2 bis 5 m breit; je nach Sorte breit buschig bis kugelförmig. **Blatt:** glänzend dunkelgrün, immergrün. **Standort:** halbschattig in durchlässiger bis sandig-humoser Erde; Rhododendronerde verwenden. **Pflege:** mit Rhododendrondünger versorgen; mittlerer Wasserbedarf; nach der Blüte abgeblühte Triebspitzen abknipsen. **Besonderheiten:** schön in Hecken, als großer Strauch oder als Solitär; großblütig.

Eibe

Taxus baccata

Wuchs: 10 bis 15 m hoch; 8 bis 12 m breit. **Standort:** sonnig bis schattig in durchlässiger bis humoser und sandig-lehmiger Erde. **Pflege:** mittlerer Wasserbedarf; schnittverträglich im Sommer und im Herbst, Formschnitt-Pflanze, Verjüngungsschnitte sind möglich. **Besonderheiten:** leicht und schnell zu pflegen; für Hecken oder als Solitärpflanze; stadtklimafest, schattenverträglich; die ganze Pflanze ist giftig (!); zweihäusig, das bedeutet, für Beerenschmuck sind weibliche und männliche Pflanzen nötig.

Gewöhnliche Stechpalme, Gemeine Hülse *Ilex aquifolium* blüht weiß im Mai; zweihäusig. **Standort:** lichtschattig bis schattig in durchlässiger bis sandig-lehmiger Erde, gedeiht in jedem normalen Gartenboden. **Pflege:** mittlerer bis hoher Nährstoffbedarf; mittlerer Wasserbedarf; schiefe oder quer wachsende Äste im Spätwinter herausschneiden; leicht und schnell zu pflegen; für kleine Gärten geeignet; die Stechpalme breitet sich aber gern im Garten aus; giftig

Immergrüner Kissen-Schneeball *Viburnum davidii* besitzt im Juni weißlich rosa Blüten. **Standort:** sonnig bis schattig in humoser bis durchlässiger Erde, gedeiht in jedem normalen Gartenboden. **Pflege:** mittlerer Nährstoff- und Wasserbedarf; Schnitt im Frühjahr nach der Blüte, auf Wegschneiden abgeblühter Triebspitzen beschränken; in rauem Klima im Winter schützen; leicht und schnell zu pflegen; auch für kleine Gärten geeignet

Beliebte Heckengehölze

Feld-Ahorn

Acer campestre, hier Sorte 'Carnival'

Blüte: grüngelb im Mai. **Wuchs:** ohne Schnitt 5 bis 15 m hoch und 5 bis 10 m breit. **Blatt:** dunkelgrün oder weiß/grau panaschiert, Herbstfärbung leuchtend gelb bis orange. **Standort:** sonnig bis halbschattig in durchlässiger bis sandig-lehmiger Erde; gedeiht in jedem normalen Gartenboden. **Pflege:** mittlerer Nährstoff- und Wasserbedarf; Hecken regelmäßig im Spätsommer schneiden. **Besonderheiten:** leicht und schnell zu pflegen; einheimisches Gehölz; auch für große Kübel geeignet.

Hainbuche

Carpinus betulus

Blüte: unscheinbar gelblich von April bis Mai. **Wuchs:** ohne Schnitt 10 bis 20 m hoch und 7 bis 12 m breit; kegelförmig bis rundlich. **Blatt:** mittelgrün. **Standort:** sonnig bis schattig in durchlässiger Erde; gedeiht in jedem normalen Gartenboden. **Pflege:** mittlerer Nährstoffbedarf; in trockenen Zeiten gleichmäßig gießen; Hecke regelmäßig im Spätsommer schneiden. **Besonderheiten:** leicht und schnell zu pflegen; einheimisch; frosthart, schnellwüchsig.

Weitere schöne Heckengehölze sind ...

Grüne Hecken-Berberitze *Berberis thunbergii* blüht gelb bis rot getönt von Mai bis Juni und hat tiefrote, rundliche Blätter. **Standort:** sonnig in durchlässiger Erde, gedeiht in jedem normalen Gartenboden. **Pflege:** mittlerer Nährstoff- und Wasserbedarf; schnittfest, regelmäßiger Schnitt im Spätsommer – nicht ins alte Holz schneiden, ist pflegeleicht und für kleine Gärten geeignet; es gibt auch Sorten mit rotbraunem bis purpurrotem Laub

Kornelkirsche *Cornus mas* hat von März bis April gelbliche Blüten. **Standort:** sonnig bis halbschattig in durchlässiger Erde, anspruchslos, gedeiht in jedem normalen Gartenboden. **Pflege:** mittlerer Nährstoff- und Wasserbedarf; schiefe oder quer wachsende Äste im Spätwinter herausschneiden; auch für kleine Gärten geeignet

Mittelmeer-Zypresse *Cupressus sempervirens* liebt einen sonnigen Platz in durchlässiger Erde,

Liguster
Ligustrum vulgare

Blüte: rahmweiß von Juni bis Juli. **Wuchs:** ohne Schnitt 2 bis 5 m hoch und 2 bis 5 m breit; locker aufrecht, breit buschig. **Blatt:** dunkelgrün, wintergrün. **Standort:** halbschattig in durchlässiger Erde; gedeiht in jedem normalen Gartenboden. **Pflege:** hoher Nährstoffbedarf; bei Trockenheit gießen; Schnitt bei feuchtem bedeckten Wetter im Frühling und im Spätsommer. **Besonderheiten:** leicht und schnell zu pflegen; für kleine Gärten zu empfehlen; einheimisch; hitzeverträglich, nicht für Kalkböden geeignet; giftig.

Abendländischer Lebensbaum
Thuja occidentalis

Wuchs: ohne Schnitt 15 bis 20 m hoch und 3 bis 5 m breit; kegelförmig. **Nadeln:** dunkelgrün, im Winter bronzebraun. **Standort:** sonnig bis halbschattig in durchlässiger bis humoser, sandig-lehmiger Erde; gedeiht in jedem normalen frischen bis nassen Gartenboden. **Pflege:** hoher Nährstoffbedarf; regelmäßig gießen; Schnitt regelmäßig im Frühjahr oder Spätsommer. **Besonderheiten:** leicht und schnell zu pflegen; wächst sehr schnell; ist frosthart, wind- und stadtklimafest.

gedeiht in jedem normalen Gartenboden. **Pflege:** hoher Nährstoffbedarf; mittlerer Wasserbedarf

Europäischer Wacholder *Juniperus communis* steht gerne sonnig bis halbschattig in durchlässiger bis humoser, sandig-lehmiger Erde, gedeiht in jedem normalen Gartenboden. **Pflege:** hoher bis mittlerer Nährstoffbedarf; mittlerer Wasserbedarf; ist leicht und schnell zu pflegen

Becher-Eibe *Taxus media* bevorzugt einen sonnigen bis halbschattigen Standort in durchlässiger Erde. **Pflege:** hoher Nährstoffbedarf; mittlerer Wasserbedarf; schnittverträglich, Heckenschnitte im Spätsommer durchführen, Verjüngungsschnitte sind möglich; leicht und schnell zu pflegen; sehr frosthart und robust; für große und kleine Gärten; die Pflanze ist giftig, daher nicht anpflanzen wenn Kinder im Hause sind

Robuste Koniferen

Flacher Heide-Wacholder

Juniperus communis 'Repanda'

Wuchs: 0,3 bis 0,5 m hoch; 1,5 bis 2,5 m breit; flach wachsend. **Nadeln:** dunkelgrün, silbrig gestreift. **Standort:** sonnig bis halbschattig in durchlässiger Erde; gedeiht in jedem normalen Gartenboden. **Pflege:** niedriger bis mittlerer Nährstoffbedarf; mittlerer Wasserbedarf. **Besonderheiten:** leicht und schnell zu pflegen; für Japangärten, als Bodendecker oder als Zwergstrauch; trägt auffallende Früchte; sehr frosthart.

Zwerg-Zuckerhut-Fichte

Picea glauca 'Conica'

Wuchs: 1 bis 3 m hoch; 1 bis 2 m breit; spitzkegelig; im Alter breiter. **Nadeln:** frischgrün. **Standort:** sonnig bis halbschattig in durchlässiger Erde; gedeiht in jedem normalen Gartenboden. **Pflege:** niedriger bis mittlerer Nährstoffbedarf; mittlerer Wasserbedarf; schnittunverträglich. **Besonderheiten:** leicht und schnell zu pflegen; wächst sehr langsam; beliebt auch für Steingärten, hübsches Bäumchen für den Vorgarten.

In kleinen Gärten gerne gesehen ...

Zwerg-Balsam-Tanne *Abies balsamea* 'Nana' steht am liebsten sonnig bis schattig in sandig-lehmiger Erde, gedeiht in normalem Gartenboden. **Pflege:** mittlerer Nährstoff- und Wasserbedarf; leicht und schnell zu pflegen; für kleine Gärten

Scheinzypresse *Chamaecyparis lawsoniana* bevorzugt einen sonnigen bis halbschattigen Standort in durchlässiger bis sandig-lehmiger Erde, gedeiht in jedem normalen Gartenboden. **Pflege:** hoher Nährstoffbedarf; mittlerer Wasserbedarf; leicht und schnell zu pflegen

Zwerg-Muschelzypresse *Chamaecyparis obtusa* 'Nana Gracilis' bevorzugt es sonnig bis halbschattig in durchlässiger bis humoser, sandig-lehmiger Erde, gedeiht in jedem normalen Gartenboden. **Pflege:** hoher Nährstoffbedarf; mittlerer Wasserbedarf; leicht und schnell zu pflegen. Hübsche muschelartige Blattform; leuchten in Farbtönen von Gelb bis Dunkelgrün

Kugel-Kiefer

Pinus mugo 'Mops'

Wuchs: 1,5 bis 2 m hoch; 0,5 bis 1,5 m breit; kugel- bis kissenförmig. **Nadeln:** dunkelgrün. **Standort:** sonnig in durchlässiger bis sandig-kiesiger Erde, anpassungsfähig. **Pflege:** niedriger bis mittlerer Nährstoffbedarf; mittlerer Wasserbedarf. **Besonderheiten:** leicht und schnell zu pflegen; für kleine Gärten zu empfehlen, auch für Tröge, Kübel und Kästen geeignet, schön in Heide- und Steingärten; besitzt attraktive Zapfen.

Wald-Kiefer

Pinus sylvestris

Wuchs: im Alter 10 bis 25 m hoch; 7 bis 10 m breit; locker kegelförmig bis schirmförmig. **Nadeln:** blau- oder graugrün. **Standort:** sonnig in durchlässiger Erde; gedeiht in jedem normalen Gartenboden. **Pflege:** niedriger bis mittlerer Nährstoffbedarf; geringer Wasserbedarf; schnittunverträglich. **Besonderheiten:** großer Baum, nicht in Hausnähe pflanzen; besitzt schöne Zapfen; es gibt auch kleiner bleibende Sorten.

Zwerg-Fichte *Picea abies* 'Little Gem' steht am liebsten sonnig bis halbschattig in durchlässiger Erde, gedeiht in jedem normalen Gartenboden. **Pflege:** niedriger Nährstoffbedarf; mittlerer Wasserbedarf; schnittunverträglich

Blaue Igel-Fichte *Picea glauca* 'Echiniformis' bevorzugt es sonnig bis halbschattig in durchlässiger Erde, gedeiht in jedem normalen Gartenboden. **Pflege:** niedriger Nährstoffbedarf; mittlerer Wasserbedarf; schnittunverträglich

Extra-Tipp

Bedenken Sie beim Pflanzen die Endgröße Ihres Nadelbäumchens. Geben Sie ihm genug Platz, ohne dass es später vom Haus oder anderen Bäumen eingeengt wird.

Kräuter für die Küche

Schnittlauch

Allium schoenoprasum

Blüte: violett von Juni bis August. **Wuchs:** 0,2 bis 0,3 m hoch; aufrecht, horstbildend. **Standort:** sonnig in durchlässiger bis sandig-lehmiger, feuchter bis frischer Erde; gedeiht in jedem normalen Gartenboden. **Pflege:** mittlerer bis hoher Nährstoffbedarf; gleichmäßig gießen. **Ernte:** frische Blätter ab April, Blüten zur Blütezeit. **Besonderheiten:** leicht und schnell zu pflegen; eignet sich für kleine Gärten, mehrjähriges Küchenkraut; intensiv duftend und mit auffallenden Blüten, lockt Bienen und Schmetterlinge an.

Dill

Anethum graveolens

Blüte: tiefgelb von Juli bis August. **Wuchs:** 0,6 bis 1 m hoch; aufrecht. **Standort:** sonnig in durchlässiger bis sandig-humoser Erde; gedeiht in jedem normalen Gartenboden, mäßig trocken bis frisch. **Pflege:** mittlerer bis hoher Nährstoffbedarf; wenig aber gleichmäßig gießen. **Ernte:** Blätter und junge Triebe bereits sechs Wochen nach Aussaat, Dolden vor und nach der Blüte. **Besonderheiten:** einjährige Duftpflanze; schmackhaftes Küchenkraut mit auffallenden Blättern und Blüten.

Weitere Würzkräuter ...

Basilikum, Basilienkraut *Ocimum basilicum* hat von Juli bis September rosapurpurne bis weiße Blüten. **Standort:** sonnig in fruchtbarer bis durchlässiger Erde. **Pflege:** mittlerer bis hoher Nährstoffbedarf; gleichmäßig gießen; warm und geschützt pflanzen/aufstellen; erst nach den Eisheiligen in den Garten setzen; Blüten auskipsen. **Ernte:** frische Blätter ab dem Frühjahr

Salbei, Garten-Salbei *Salvia officinalis* zeigt von Juni bis August blauviolette bis fliederblaue Blüten. **Standort:** sonnig in durchlässiger bis sandig-lehmiger Erde; die Pflanze braucht viel Platz. **Pflege:** mittlerer Nährstoffbedarf; gleichmäßig gießen; im Herbst oder Frühjahr bis zum alten Holz zurückschneiden. **Ernte:** junge Blätter und Triebe vor der Blüte

Garten-Kresse

Lepidium sativum

Blüte: weiß von Mai bis August. **Wuchs:** 0,2 bis 0,3 m hoch; aufrecht. **Standort:** sonnig bis halbschattig in fruchtbarer bis sandig-lehmiger Erde; gedeiht in jedem normalen Gartenboden. **Pflege:** mittlerer Nährstoffbedarf; gleichmäßig gießen. **Ernte:** frische Blätter. **Besonderheiten:** leicht und schnell zu pflegen; die Pflanze eignet sich für kleine Gärten, bunte Beet- und Staudenpflanzung und als Küchenkraut auch in Zimmerkultur; einjährig.

Petersilie

Petroselinum crispum

Blüte: gelbgrün von Juli bis August. **Wuchs:** 0,15 bis 0,25 m hoch; rundlich, rosettenbildend. **Standort:** sonnig bis halbschattig in fruchtbarer bis durchlässiger Erde; gedeiht in jedem normalen Gartenboden. **Pflege:** mittlerer bis hoher Nährstoffbedarf; gleichmäßig gießen. **Ernte:** Kraut. **Besonderheiten:** für kleine Gärten; Heilpflanze und Küchenkraut; intensiv duftend; rasche Bodenmüdigkeit, daher Aussaat in Folgejahren an anderer Stelle.

Kleiner Gemüsegarten

Hier ein Vorschlag zur Anlage eines Gemüsegärtchens. Hübsch ist immer eine Einfassung aus niedrigem Buchs (2) mit Rosmarin (9) an den Ecken. In der Mitte steht ein Johannisbeer-Hochstämmchen (6), umringt von Ringelblumen (7). Außerdem gibt es Tomaten (5), Kopfsalat (10), Oregano (11), Thymian (12), Salbei (13), Petersilie (3), Erdbeeren (4) und Schnittlauch (8). Kräuter- oder Gemüsebeete immer an einem sonnigen Platz im Garten anlegen.

Leckeres Gemüse

Kohlrabi

Brassica oleracea var. *gongylodes*

Standort: sonnig in fruchtbarer bis sandig-lehmiger Erde; gedeiht in jedem normalen Gartenboden. **Pflege:** mittlerer bis hoher Nährstoffbedarf; regelmäßig gießen. **Anzucht:** Jungpflanzenanzucht ab Februar, Auspflanzung von April bis Mai, Verfrühen durch Vliesabdeckung, unter Folie oder im Gewächshaus. **Pflanzabstand:** 25 x 30 cm (große Sorten: 50 x 50 cm). Ernte: schon ab Mai möglich (unter Folie). **Besonderheiten:** pflegeleicht fürs Kinderbeet.

Zucchini

Cucurbita pepo var. *giromontiina*

Standort: sonnig und warm in fruchtbarer bis lehmig-humoser Erde; gedeiht in jedem normalen Gartenboden. **Pflege:** hoher Nährstoffbedarf; gleichmäßig gießen. **Anzucht:** Aussaat in Saatkisten ab April, Pflanzung im Mai. **Pflanzabstand:** 90 x 90 cm. **Ernte:** laufend, wenn die Früchte die gewünschte Größe erreicht haben – nicht zu groß werden lassen. **Besonderheiten:** leicht und schnell zu pflegen, braucht aber viel Platz im Garten; fürs Kinderbeet.

Weitere Gemüsearten ...

Zwiebel *Allium cepa* liebt es sonnig in durchlässiger bis sandig-lehmiger, Erde. **Pflege:** mittlerer Nährstoffbedarf; gleichmäßig gießen; Direktsaat im zeitigen Frühjahr oder Pflanzung von Steckzwiebeln. **Ernte:** von August bis September

Salatgurke, Freilandgurke *Cucumis sativus* liebt es sonnig in fruchtbarer bis lehmig-humoser Erde. **Pflege:** hoher Nährstoffbedarf; viel gießen; Jungpflanzenanzucht ab März/April; Auspflanzung im Mai. **Ernte:** Gurken ernten, wenn die richtige Größe erreicht ist

Möhre, Karotte *Daucus carota* ssp. *sativus* mag sonnige Standorte in durchlässiger bis sandig-lehmiger Erde. **Pflege:** niedriger Nährstoffbedarf; regelmäßig gießen; Direktsaat von März bis Juni. **Ernte:** von Juni bis Oktober

Buschbohne *Phaseolus vulgaris* var. *nanus* bevorzugt es sonnig in fruchtbarer bis humoser

Kopfsalat

Lactuca sativa var. *capitata*

Standort: sonnig in fruchtbarer bis lehmig-humoser Erde; wächst in jedem normalen Gartenboden. **Pflege:** mittlerer bis hoher Nährstoffbedarf; regelmäßig gießen. **Anzucht:** Aussaat ab April in Saatkisten, Pflanzung ab Mai bis August, **Pflanzabstand:** 30 x 30 cm. **Ernte:** Köpfe und Blattrosetten vom Frühjahr bis in den Herbst. **Besonderheiten:** ist leicht und schnell zu pflegen; optimal fürs Kinderbeet.

Tomate

Lycopersicon esculentum

Standort: sonnig und geschützt in tiefgründiger bis fruchtbarer Erde; Boden neutral, ausgeglichen. **Pflege:** hoher Nährstoffbedarf; häufig gießen. **Anzucht:** Aussaat im März in Saatschalen, Pflanzung ab Mitte Mai, **Pflanzabstand:** 40 bis 50 x 60 cm (sortenabhängig); regelmäßig Seitentriebe ausbrechen. **Ernte:** Sommer bis Herbst. **Besonderheiten:** leicht und schnell zu pflegen; fürs Kinderbeet, im Garten oder als Kübelpflanze (sonnige Südseite).

Erde. **Pflege:** niedriger Nährstoffbedarf; gleichmäßig gießen. **Ernte:** Hülsen mit unreifen, zarten Bohnen von Juli bis September

Radieschen *Raphanus sativus* var. *sativus* liebt es sonnig in durchlässiger bis sandig-lehmiger Erde, gedeiht in jedem normalen Gartenboden. **Pflege:** mittlerer Nährstoffbedarf; regelmäßig gießen; im Winter im Gewächshaus oder Frühbeet; Aussaat ab März im Freien. **Ernte:** vier bis zehn Wochen nach der Aussaat

EXRTA-TIPP

Besonders leicht anzubauen sind Zucchini, Radieschen, Gurken, Rhabarber und Himbeeren – diese Arten nehmen es einem auch nicht übel, wenn man sich eine Zeit lang nicht um sie kümmern kann. Achten Sie darauf, dass die Pflanzen sonnig stehen und ausreichend Platz zum Wachsen haben.

Obst für Naschkatzen

Erdbeere
Fragaria x ananassa

Blüte: weiß von April bis Juni. **Wuchs:** 0,15 bis 0,25 m hoch; 0,3 m breit; kompakt bis flach wachsend. **Standort:** sonnig bis halbschattig in durchlässiger Erde, ansonsten keine besonderen Ansprüche. **Pflege:** mittlerer bis hoher Nährstoffbedarf; regelmäßig gießen; Boden mit trockenem Stroh abdecken. **Ernte:** ab Juni. **Besonderheiten:** leicht und schnell zu pflegen; für kleine Gärten, fürs Kinderbeet und auch für Töpfe und Kübel empfehlenswert; selbstfruchtbar.

Rhabarber
Rheum rhabarbarum

Blüte: gelblich weiß von Mai bis Juni. **Wuchs:** 1 bis 1,50 m hoch, aufrecht. **Standort:** sonnig bis halbschattig in sandig-lehmiger bis lehmiger Erde; gedeiht in jedem normalen Gartenboden. **Pflege:** hoher Nährstoffbedarf, organisch düngen; regelmäßig gießen. **Ernte:** im Frühjahr bis Frühsommer nur die Blattstängel ernten (herausdrehen nicht abschneiden), später zu hohe Oxalatgehalte (gesundheitlich bedenklich). **Besonderheiten:** pflegeleicht.

Noch mehr leckere Früchte ...

Strahlengiffel, Mini-Kiwi *Actinidia arguta* blüht von Mai bis Juni weiß bis cremefarben. **Standort:** sonnig bis halbschattig in durchlässiger Erde. **Pflege:** mittlerer Nährstoffbedarf; regelmäßig gießen; Auslichtungsschnitt erst nach einigen Jahren; weibliche und männliche Sorten zusammen pflanzen. **Ernte:** im Oktober. **Besonderheiten:** Schlingpflanze, Gerüst notwendig

Jostabeere *Ribes* x *nidigrolaria* blüht unscheinbar im April. **Standort:** sonnig in humoser Erde. **Pflege:** mittlerer bis hoher Nährstoffbedarf; gleichmäßig gießen; nach der Ernte alle Basistriebe entfernen, die älter als vier Jahre sind. **Ernte:** im Juni

Stachelbeere *Ribes uva-crispa* besitzt unscheinbare Blüten von April bis Mai. **Standort:** sonnig bis halbschattig in durchlässiger bis humoser Erde. **Pflege:** mittlerer Nährstoffbedarf; gleichmäßig gießen; alle Basistriebe entfernen, die älter als vier Jahre sind. **Ernte:** im Juli. **Beson-**

Johannisbeere

Ribes rubrum, R. nigrum

Blüte: unscheinbar im April. **Wuchs:** 1 bis 1,2 m hoch; 0,8 bis 1,2 m breit. **Standort:** sonnig bis halbschattig in humoser Erde. **Pflege:** mittlerer bis hoher Nährstoffbedarf; gleichmäßig gießen; nach Ernte alle Basistriebe entfernen, die älter als vier Jahre sind. **Ernte:** Juni bis August. **Besonderheiten:** pflegeleicht; selbstfruchtbar, zusätzliche Befruchtersorte ist aber empfehlenswert; es gibt Johannisbeeren mit roten (*R. rubrum*), weißen und auch mit schwarzen (*R. nigrum*) Beeren.

Himbeere

Rubus idaeus

Blüte: weiß von Mai bis August. **Wuchs:** 1 bis 1,50 m hoch; 0,2 bis 0,4 m breit; strauchig aufrecht. **Standort:** sonnig bis halbschattig in durchlässiger bis humoser oder sandig-lehmiger Erde. **Pflege:** mittlerer bis hoher Nährstoffbedarf; gleichmäßig gießen; abgetragene Ruten nach der Ernte entfernen. **Ernte:** Juni bis Oktober. **Besonderheiten:** leicht und schnell zu pflegen; auch für Gehölzrand und als Hecke geeignet; selbstfruchtbar; große Sortenvielfalt.

derheiten: es gibt unterschiedliche Sorten, die grüne, gelbe oder rötliche Beeren tragen

Brombeere *Rubus fruticosus* blüht weiß bis zartrosa von Mai bis August. **Standort:** sonnig bis halbschattig in durchlässiger bis humoser, sandig-lehmiger Erde. **Pflege:** mittlerer bis hoher Nährstoffbedarf; gleichmäßig gießen; abgetragene Ruten nach der Ernte entfernen, die jüngeren Ruten an Spalier binden. **Ernte:** Juli bis September. **Besonderheiten:** Brombeeren breiten sich gerne im Garten aus, daher durch Schnittmaßnahmen eindämmen

Heidelbeere *Vaccinium corymbosum* blüht im Mai weiß bis zartrosa. **Standort:** sonnig in humoser bis sandig-humoser Erde, Boden feucht, durchlässig und sauer (Rhododendronerde verwenden). **Pflege:** mittlerer Nährstoffbedarf; regelmäßig gießen; keine Schnittmaßnahmen in den ersten Jahren erforderlich, später Auslichtungsschnitt vornehmen. **Ernte:** Juli bis August

Knackiges Obst vom Baum

Apfel
Malus domestica

Blüte: weiß bis zartrosa von April bis Mai. **Wuchs:** 2 bis 6 m hoch (je nach Unterlage); 1,5 bis 8 m breit; baumförmig, spindelförmig bis breit ausladend. **Standort:** sonnig in durchlässigem Boden. **Pflege:** mittlerer Nährstoffbedarf; gleichmäßig gießen; Erziehungsschnitt, später Auslichtungsschnitt im Spätwinter. **Ernte:** sortenabhängig ab Juli. **Besonderheiten:** leicht und schnell zu pflegen; selbstunfruchtbar, Befruchtersorte notwendig.

Süßkirsche
Prunus avium

Blüte: weiß im April. **Wuchs:** 3 bis 8 m hoch; 3 bis 6 m breit; ausladender Baum. **Standort:** sonnig in durchlässigem Boden. **Pflege:** mittlerer bis hoher Nährstoffbedarf; gleichmäßig gießen; Erziehungsschnitt, später Auslichtungsschnitt im August. **Ernte:** sortenabhängig ab Juni. **Besonderheiten:** leicht und schnell zu pflegen; Einzelpflanzung; viele Sorten sind selbstunfruchtbar, bei der Auswahl der Befruchtersorte unbedingt die Gruppen-Unfruchtbarkeiten beachten.

Weitere knackige Obstsorten …

Quitte *Cydonia oblonga* blüht von April bis Mai weiß bis zartrosa. **Standort:** sonnig in durchlässiger Erde. **Pflege:** mittlerer Nährstoffbedarf; gleichmäßig gießen; in den ersten Jahren, Erziehungsschnitt durchführen, bei älteren Bäumen Auslichtungsschnitt im Spätwinter; viele selbstfruchtbare Sorten. **Ernte:** im Oktober

Gemeiner Sanddorn *Hippophae rhamnoides* blüht von April bis Mai gelbbraun. **Standort:** sonnig in durchlässiger, sandig-kiesiger Erde. **Pflege:** kein Düngebedarf; geringer Wasserbedarf; einheimischer, frostharter Großstrauch; pflegeleicht. **Ernte:** Beeren mit hohem Vitamingehalt von September bis Oktober

Aprikose *Prunus armeniaca* zeigt im April weiße Blüten. **Standort:** sonnig und geschützt in sandig-lehmiger Erde. **Pflege:** mittlerer Nährstoffbedarf; gleichmäßig gießen; Erziehungsschnitt und Auslichtungsschnitt im August; viele Sorten sind selbstfruchtbar. **Ernte:** von Juli bis August

Pflaume, Zwetsche & Co.

Prunus domestica

Blüte: weiß im April. **Wuchs:** 4 bis 5 m hoch; 3 bis 4 m breit; baumförmig, kegelförmig. **Standort:** sonnig in humosem Boden. **Pflege:** mittlerer bis hoher Nährstoffbedarf; gleichmäßig gießen; Erziehungsschnitt, später Auslichtungsschnitt im Spätwinter; jährlicher Fruchtholzschnitt. **Ernte:** sortenabhängig von Juli bis September. **Besonderheiten:** leicht und schnell zu pflegen; als Kleinbaum, Einzelpflanzung oder Blütengehölz; viele Sorten; sind selbstfruchtbar.

Birne

Pyrus communis

Blüte: weiß von April bis Mai. **Wuchs:** 3 bis 10 m hoch (je nach Unterlage); 1,5 bis 6 m breit; baumförmig, kegelförmig. **Standort:** sonnig in durchlässigem Boden. **Pflege:** mittlerer Nährstoffbedarf; regelmäßig gießen; Erziehungsschnitt, später Auslichtungsschnitt im Spätwinter. **Ernte:** sortenabhängig ab August. **Besonderheiten:** leicht und schnell zu pflegen; Kleinbaum bis Hochstamm, ist selbstunfruchtbar, daher Befruchtersorte nötig.

Sauerkirsche *Prunus cerasus* blüht weiß im April. **Standort:** sonnig bis halbschattig in durchlässiger Erde. **Pflege:** mittlerer bis hoher Nährstoffbedarf; gleichmäßig gießen; Erziehungsschnitt, später Auslichtungsschnitt im August; es gibt selbstfruchtbare und selbstunfruchtbare Sorten. **Ernte:** von Juni bis Juli

Pfirsich, Nektarine *Prunus persica* blüht im April weiß bis rosa. **Standort:** sonnig in sandiglehmiger Erde; mäßig frosthart, warmer, geschützter Platz. **Pflege:** mittlerer Nährstoffbedarf; gleichmäßig gießen; Erziehungsschnitt, Auslichtungsschnitt im August; viele Sorten selbstfruchtbar. **Ernte:** August bis September

Asienbirne, Nashi *Pyrus pyrifolia* hat von April bis Mai weiße Blüten. **Standort:** sonnig in durchlässiger Erde. **Pflege:** mittlerer Nährstoffbedarf; regelmäßig gießen; Erziehungs- später Ausdünnungsschnitt im Spätwinter; selbstunfruchtbar, daher Befruchtersorte nötig. **Ernte:** September

Bezugsquellen

Alles, was Sie zum Gärtnern benötigen, z. B. Gartengeräte, Pflanzenschutz- und Pflegemittel, Töpfe, Erden und dekoratives Zubehör bekommen Sie im örtlichen Fachhandel (Gärtnereien, Gartencenter, Baumärkte etc.) oder auf Gartenmessen. Sie finden die Adressen im Branchenfernsprechbuch.
Gehölze, auch Rosen und Rhododendren, erhalten Sie in Baumschulen, aber auch in Gartencentern, in örtlichen Gärtnereien und Versandgärtnereien.
In einschlägigen Gartenzeitschriften und im Internet können Sie sich über das Angebot der Pflanzenversender und spezieller Anbieter informieren.

Kosmos-Büchertipps

Braun-Bernhart U. u. Mann D.: Balkon & Terrasse. 2003.
Braun-Bernhart U.: Kräuter & Gewürze. 2004.
Graber C. u. Suter H.: Schneckenbekämpfung ohne Gift. 1999.
Holzförster, H.: Obstgehölzschnitt. 2003.
Kötter, E.: Topf- und Kübelpflanzen. 2003.
Smith, J.: Viel Garten in wenig Zeit. 2003.
Throll, A. (Hrsg): Viel Garten für wenig Geld. 2003.
Wolff J. (Hrsg.): Mein schöner Garten. Neuaufl. 2004.

Register

Halbfette Seitenzahlen verweisen auf Abbildungen.

Mit 119 Farbfotos von:
Peter Beck, Stuttgart: 57 re, 61 li
BKN Strobel GmbH & CoKG, Holm: 66 re
Ursel Borstell, Essen: 84 li
Christl Eberle, Meersburg: 89 li, 89 re
Fotodienst Fehn, Lage: 41
Flora Press, Hamburg: 21, 25
Gartenschatz, Stuttgart: 1, 50 li, 50 re, 51 re, 52 li, 52 re, 53 re, 54 li, 54 re, 55 re, 56 li, 58 li, 59 li, 59 re, 60 li, 60 re, 62 li, 62 re, 64 li, 65 re, 66 li, 72 re, 73 re, 76 li, 76 re, 77 re, 78 li, 79 re, 81 li, 82 li, 82 re, 83 re, 85 li, 88 li, 88 re
GBA/GBL, Au/Hallertau: 30
Häberli Obst- und Beerenzentrum AG, Neukirch-Egnach, Schweiz: 86 li, 87 li, 87 re
W. Kordes' Söhne, Klein-Olfenseth-Sparrieshoop: 18, 67 li
Hans E. Laux, Biberach/Riß: 51 li
Wolfgang Redeleit, Bienenbüttel: 2/3, 6, 7, 11, 12, 13, 15, 20, 22, 23, 26, 27, 29, 31, 35, 48, 84 re
Reinhard Tierfoto, Hans Reinhard, Heiligkreuzsteinach-Eiterbach: 10, 16, 17, 32, 36, 37, 39, 42, 45, 46, 47, 49, 53 li, 55 li, 57 li, 58 re, 61 re, 63 li, 63 re, 65 li, 68 li, 68 re, 69 re, 70 li, 70 re, 71 li, 71 re, 72 li, 73 li, 74 li, 74 re, 75 li, 77 li, 79 li, 80 li, 81 re, 83 li, 85 re, 86 re
Reinhard Tierfoto, Nils Reinhard, Heiligkreuzsteinach-Eiterbach: 5, 9, 24, 34, 38, 69 li
Ralf Roppelt, Ludwigsburg: 56 re, 64 re, 75 re, 78 re, 80 re
Rosenwelt Tantau, Uetersen: 67 re

Mit 32 Farbzeichnungen von:
Fabian Hofmann, München: 28 drei, 43 drei
Reinhild Hofmann, München: 53, 61
Wolfgang Lang, Grafenau-Döffingen: 8 drei, 14 drei, 19 drei, 33 drei, 34 beide, 39 drei, 40 drei
Horst Lünser, Berlin: 44 drei
Sabine Weber, Appenweier-Nesselried: 83

Alle Angaben in diesem Buch sind sorgfältig geprüft und geben den neuesten Wissensstand bei der Veröffentlichung wieder. Da sich das Wissen aber laufend und in rascher Folge weiterentwickelt und vergrößert, muss jeder Anwender prüfen, ob die Angaben nicht durch neuere Erkenntnisse überholt sind. Dazu muss er zum Beispiel Beipackzettel lesen und genau befolgen, sowie Gebrauchsanweisungen und Gesetze beachten.

Umschlaggestaltung von: Atelier Reichert, Stuttgart unter Verwendung zweier Fotos von GBA/GPL, Au/Hallertau (Hauptbild) und Kientzler GmbH, Gensingen (Einklinker).

Bibliografische Informationen der Deutschen Bibliothek
Die Deutsche Bibliothek verzeichnet diese Publikation in der Deutschen Nationalbibliografie; detaillierte bibliografische Daten sind im Internet über http://dnb.ddb.de abrufbar.

Gedruckt auf chlorfrei gebleichtem Papier.

1.Auflage
© 2004, Franckh-Kosmos Verlags-GmbH & Co., Stuttgart
Alle Rechte vorbehalten
ISBN 3-440-09633-5
Redaktion und Bildredaktion: Christiane Theis
Produktion: DOPPELPUNKT Auch & Grätzbach GbR, Leonberg
Grundlayout: Dietmar Grashoff, Offenburg
Gestaltung: Gisela Dürr
Printed in Slovakia/Imprimé en Slovaquie

Informationen senden wir Ihnen gerne zu

Bücher · Kalender · Spiele · Experimentierkästen · CDs · Videos
Natur · Garten & Zimmerpflanzen · Heimtiere · Pferde & Reiten · Astronomie · Angeln & Jagd · Eisenbahn & Nutzfahrzeuge · Kinder & Jugend

KOSMOS Postfach 106011
D-70049 Stuttgart
TELEFON +49 (0)711-2191-0
FAX +49 (0)711-2191-422
WEB www.kosmos.de
E-MAIL info@kosmos.de

KOSMOS

Erlebnis Garten

Basisthemen und aktuelle Trends!

Ob exotische Blütenpracht, Miniatur-Baumkunstwerke oder prächtige Pflanzen in Töpfen und Kübeln: Diese Ratgeber enthalten alle wichtigen Infos für heutige Gartenfreunde. Mit Trendpflanzen, aktuellen Erkenntnissen und Profi-Tipps von Mein schöner Garten!

Bonsai
96 S., ca. 160 Abb., broschiert
ISBN 3-440-09814-1
€ 7,95; €/A 8,20; sFr 14,20

Topf- und Kübelpflanzen
96 S., ca. 160 Abb., broschiert
ISBN 3-440-09789-7
€ 7,95; €/A 8,20; sFr 14,20

Allergiefreier Garten
48 S., ca. 55 Abb., broschiert
ISBN 3-440-09799-4
€ 4,95; €/A 5,10; sFr 8,90

Kleingewächshäuser
48 S., ca. 70 Abb., broschiert
ISBN 3-440-09841-9
€ 4,95; €/A 5,10; sFr 8,90

Orchideen
96 S., ca. 160 Abb., broschiert
ISBN 3-440-09638-6
€ 7,95; €/A 8,20; sFr 14,20

Buchs
48 S., ca. 55 Abb., broschiert
ISBN 3-440-09797-8
€ 4,95; €/A 5,10; sFr 8,90

Sichtschutz im Garten
48 S., ca. 55 Abb., broschiert
ISBN 3-440-09850-8
€ 4,95; €/A 5,10; sFr 8,90

www.kosmos.de

Preisänderung vorbehalten

Wir wissen, wie´s wächst!

Tolle Aboangebote von
Mein schöner Garten mit bis zu 35% Preisvorteil
erhalten Sie unter Tel.: 01805/517216 oder
Fax: 01805/517218 (622719) (dtms - 12 Cent/Min.)

Im Internet finden Sie uns unter: www.mein-schoener-garten.de